Jens-Christian Wagner

Zwangsarbeit für den „Endsieg“

Das KZ Mittelbau-Dora 1943 - 1945

Titelbild: Luftbild der KZ-Gedenkstätte Mittelbau-Dora in Nordhausen, 28. August 2017. ullstein bild 06479050.

Jens-Christian Wagner ist Historiker. Von 2001 bis 2014 leitete er die Gedenkstätte Mittelbau-Dora. Seit 2014 ist er als Geschäftsführer der Stiftung niedersächsische Gedenkstätten in Celle tätig. Wagner wird ab Oktober 2020 Leiter der Stiftung Gedenkstätten Buchenwald und Mittelbau-Dora sein.

Diese Veröffentlichung stellt keine Meinungsäußerung der Landeszentrale für politische Bildung Thüringen dar. Für inhaltliche Aussagen trägt der Autor die Verantwortung.

Landeszentrale für politische Bildung Thüringen
Regierungsstraße 73, 99084 Erfurt, www.lzt-thueringen.de
2. überarbeitete Auflage 2020

ISBN: 978-3-948643-06-5

Inhalt

Mittelbau-Dora im System der nationalsozialistischen Konzentrationslager

Das KZ Mittelbau-Dora bei Nordhausen in Nordthüringen war das letzte von den Nationalsozialisten gegründete KZ-Hauptlager. Seine Geschichte ist untrennbar verbunden mit dem von Joseph Goebbels im Februar 1943 nach der deutschen Niederlage von Stalingrad ausgerufenen „Totalen Krieg". Mittelbau-Dora wurde gegründet, als die Kriegsniederlage Deutschlands längst absehbar war. Viele Deutsche wollten die Niederlage jedoch nicht wahrhaben. Sie glaubten der NS-Propaganda, die den „Endsieg" durch den Einsatz von „Wunderwaffen" versprach, die in vor Luftangriffen sicheren Untertagefabriken hergestellt werden sollten.

Als das Lager Dora Ende August 1943 mit der Überstellung eines ersten Häftlingstransportes aus dem rund 90 km entfernten KZ Buchenwald eingerichtet wurde, ging der Zweite Weltkrieg bereits in sein fünftes Jahr. Der Zivilisationsbruch schlechthin – die Ermordung der europäischen Juden – war 1943 zu einem großen Teil bereits abgeschlossen. Die Brücken zur Zivilisation schienen damit eingerissen: Es gab keinen Weg zurück, verkündete im Februar 1943 nach der deutschen Niederlage in Stalingrad NS-Propagandaminister Joseph Goebbels in seiner berüchtigten Rede im Berliner Sportpalast. Er drohte, aus dem Krieg würden „nicht Sieger und Besiegte, sondern nur noch Überlebende und Vernichtete hervorgehen."[1] Die NS-Verbrechen waren den Deutschen weitgehend bekannt, viele hatten sich daran beteiligt. Nun fürchteten sie die Rache der Sieger. Deshalb machten sie auch noch in hoffnungsloser Lage weiter, setzten alles auf ein Wunder und ließen zugleich die letzten zivilisatorischen Schranken fallen. Es herrschte der „Totale Krieg".

1 Zit. nach Helmut Heiber (Hrsg.), Goebbels-Reden, Bd. 2, 1939–1945, Düsseldorf 1972, S. 183.

Mittelbau-Dora hatte mit den ersten von den Nationalsozialisten eingerichteten Konzentrationslagern keine große Ähnlichkeit mehr. Diese waren schon kurz nach der Machtübernahme Hitlers am 30. Januar 1933 entstanden. Zunächst dienten sie als improvisierte Haftstätten der Unterdrückung politischer Gegner und wurden von der SA oder der Polizei betrieben. Mit der Konsolidierung der NS-Herrschaft wurden viele dieser frühen Lager ab dem Herbst 1933 wieder aufgelöst.

Seit 1936 richtete die SS neue, auf Dauer geplante Konzentrationslager ein, die systematisch ausgebaut wurden (u.a. Buchenwald, Sachsenhausen, Ravensbrück und Mauthausen). Menschen, die nicht in die nationalsozialistische „Volksgemeinschaft" zu passen schienen, waren nun von der KZ-Einweisung bedroht – neben politischen Gegnern vor allem „Kriminelle", „Asoziale", Zeugen Jehovas, Roma und Sinti, Juden und Homosexuelle. Mit Kriegsbeginn 1939 kamen ausländische Häftlinge hinzu, die in ihren Heimatländern Widerstand gegen die deutsche Besatzung geleistet hatten – vor allem Polen, Franzosen und Belgier. Nach dem Überfall auf die Sowjetunion brachten Wehrmacht und SS auch viele sowjetische Zivilisten und Kriegsgefangene in die Konzentrationslager.

Das Scheitern der deutschen Blitzkriegsstrategie und der zunehmende Arbeitskräftemangel leiteten 1942/43 die letzte Phase der Konzentrationslager ein. Das Arbeitskräftepotential in den Konzentrationslagern sollte für die deutsche Kriegswirtschaft nutzbar gemacht werden. Die Kooperation zwischen der SS, dem Rüstungsministerium unter Albert Speer und der Industrie bewirkte ab 1943 eine sprunghafte Erweiterung des KZ-Systems. Hatte es sich bislang auf einige Dutzend Lager beschränkt, so stieg ihre Zahl bis Ende 1943 auf fast 260, im Juli 1944 knapp 600 und im Januar 1945 schließlich auf über 730 an – und das, obwohl der deutsche Herrschaftsbereich in diesem Zeitraum erheblich geschrumpft war und zahlreiche Lager im Osten wie im Westen mit der Deportation ihrer

Insassen in das Reichsgebiet schon wieder aufgelöst worden waren. Im Winter 1944/45 gab es kaum noch eine Stadt in Deutschland und Österreich, in der sich nicht ein KZ-Außenlager befand, dessen Insassen Zwangsarbeit für den von der NS-Führung propagierten „Endsieg“ leisten mussten.

Mittelbau-Dora steht exemplarisch für diese Phase der NS-Konzentrationslager. Es war eines der ersten und das bei Kriegsende weitaus größte Konzentrationslager, das ausschließlich mit dem Ziel gegründet wurde, die Arbeitskraft seiner Insassen auszubeuten.

Mittelbau-Dora: Vom Raketen-KZ zum „Unternehmen Mittelbau“

Die Verlagerung der Raketenrüstung von Peenemünde in den Harz

In der Nacht vom 17. auf den 18. August 1943 griffen britische Bomber die Heeresanstalt Peenemünde auf der Ostseeinsel Usedom an. Dort war seit 1936 unter Leitung des jungen Ingenieurs Wernher von Braun (1912-1977) und seines militärischen Vorgesetzten General Walter Dornberger (1895-1980) im Auftrag des Heereswaffenamtes ein ausgedehntes Forschungszentrum für die Entwicklung von Raketenwaffen entstanden. Hauptprodukt der Entwicklungsarbeiten in Peenemünde war das sogenannte „Aggregat 4“ (A4), eine Fernrakete, die 1944 unter der Propagandabezeichnung „V2“ (Vergeltungswaffe 2)

SZ-Photo 00602165

Joseph Goebbels (2. v. re.) und Albert Speer (rechts) beobachten bei einem Besuch des Raketenzentrums Peenemünde ein Experiment mit einer V2-Rakete.

bekannt werden sollte und deren Einsatz die Briten mit dem Luftangriff wenn nicht verhindern, dann doch zumindest verzögern wollten. Immerhin stand zum Zeitpunkt des Luftangriffs der Beginn der Serienfertigung der Rakete in Peenemünde und an zwei weiteren Produktionsstandorten in Friedrichshafen am Bodensee (Luftschiffbau Zeppelin) und Wiener Neustadt (Rax-Werke) unmittelbar bevor – an allen Standorten übrigens unter Einsatz von KZ-Häftlingen.

Der Luftangriff auf Peenemünde vereitelte die ehrgeizigen Produktionspläne zunächst, zumal auch die beiden anderen Produktionsstandorte bereits Ziele alliierter Luftangriffe gewesen waren. Man fürchtete weitere Bombenangriffe. Unmittelbar nach der Luftattacke auf Peenemünde befahl Adolf Hitler deshalb in einer Besprechung mit SS-Chef Heinrich Himmler und Rüstungsminister Albert Speer die Verlagerung der Raketenproduktion in unterirdische Räume. Darüber hinaus wurde in der Besprechung festgelegt, dass sowohl die erforderlichen Bauarbeiten als auch die spätere Fertigung durch KZ-Häftlinge vorgenommen werden sollten. Geklärt war auch, wer die Leitung des Unternehmens übernehmen sollte: Der Chef der Amtsgruppe C im SS-Wirtschafts-Verwaltungshauptamt (WVHA), SS-Brigadeführer (später SS-Gruppenführer, das entsprach einem Generalleutnant bei der Wehrmacht) Dr. Hans Kammler (1901-1945).

KZ Gedenkstätte Mittelbau-Dora

Hans Kammler, undatiert.

Nun musste nur noch geklärt werden, in welche Untertageanlage man die Raketenproduktion verlagerte. Die Wahl fiel schnell auf eine Stollenanlage der reichseigenen Wirtschaftlichen Forschungsgesellschaft (Wifo) im Kohnstein bei Nordhausen, die für das Verlagerungsvorhaben bestens geeignet zu sein schien: Zwei Tunnelröhren, die durch 46 Querkammern miteinander verbunden waren, boten eine Fertigungsfläche von rund 100.000 Quadratmeter. Außerdem verfügte die Anlage über einen Reichsbahnanschluss. Wegen ihrer Lage in der Mitte Deutschlands war sie im Hinblick auf die zahlreichen Zulieferbetriebe des Raketenprogramms, die sich über ganz Deutschland und Österreich erstreckten, relativ verkehrsgünstig gelegen. Die Wälder in der Umgebung des Kohnsteins boten überdies eine gute Tarnung für den Bau von Außenanlagen (z.B. Barackenlager für die Zwangsarbeiter). Schließlich stand mit der Bauleitung der Wifo ein eingearbeitetes Team aus Ingenieuren und Architekten zur Verfügung, denen man die technische Leitung der Bauarbeiten im Stollen überantwor-

National Archives Washington

Eingang zu Stollen A, 1945.

ten konnte. Unter ihrer Ägide war die Stollenanlage seit 1936 zunächst von deutschen Bergarbeitern und nach Kriegsbeginn vornehmlich von ausländischen Zwangsarbeitern als unterirdisches Treibstoffdepot für die Wehrmacht ausgeschachtet worden. Nun sollte das Depot zu einer unterirdischen Raketenfabrik umgebaut werden, und zwar durch KZ-Häftlinge.

Die Hölle von Dora: Der Ausbau der unterirdischen Raketenfabrik 1943/44

Bereits zehn Tage nach dem Luftangriff auf Peenemünde, am 28. August 1943, trafen die ersten 107 KZ-Häftlinge aus dem rund 90 km entfernten KZ Buchenwald mit ihren SS-Bewachern am Fuß des Kohnsteins bei Nordhausen ein. Damit hatte das KZ Buchenwald ein neues Außenlager: das „Arbeitslager Dora“, wie es bei der SS formal hieß. Die Bezeichnung des Lagers hatte man aus Tarnungsgründen dem deutschen Buchstabieralphabet entlehnt (andere Lager hießen „Erich“ oder „Heinrich“).

Von einem Lager im eigentlichen Wortsinn konnte indes noch nicht die Rede sein: Da im Herbst 1943 Baracken oder andere feste Unterkünfte für die Häftlinge noch nicht vorhanden waren, wurden sie von der SS zunächst in Zelten und dann in den Stollen untergebracht – zunächst in der Kammer 39 auf dem blanken Felsboden. Zeitgleich machte sich das Zimmereikommando daran, die südlichen Querkammern des leiterförmigen Stollensystems (die Kammern 43 bis 46) als „Schlafstollen“ auszubauen. Dazu wurden vierstöckige Holzpritschen errichtet, die die nur notdürftig beleuchteten etwa 12 Meter breiten und 9 Meter hohen Kammern von vorn bis hinten durchzogen. Der Zugang zu den „Blöcken“ erfolgte über den Fahrstollen A, von dem sie durch Bretterverschläge und Zeltplanen abgetrennt waren.

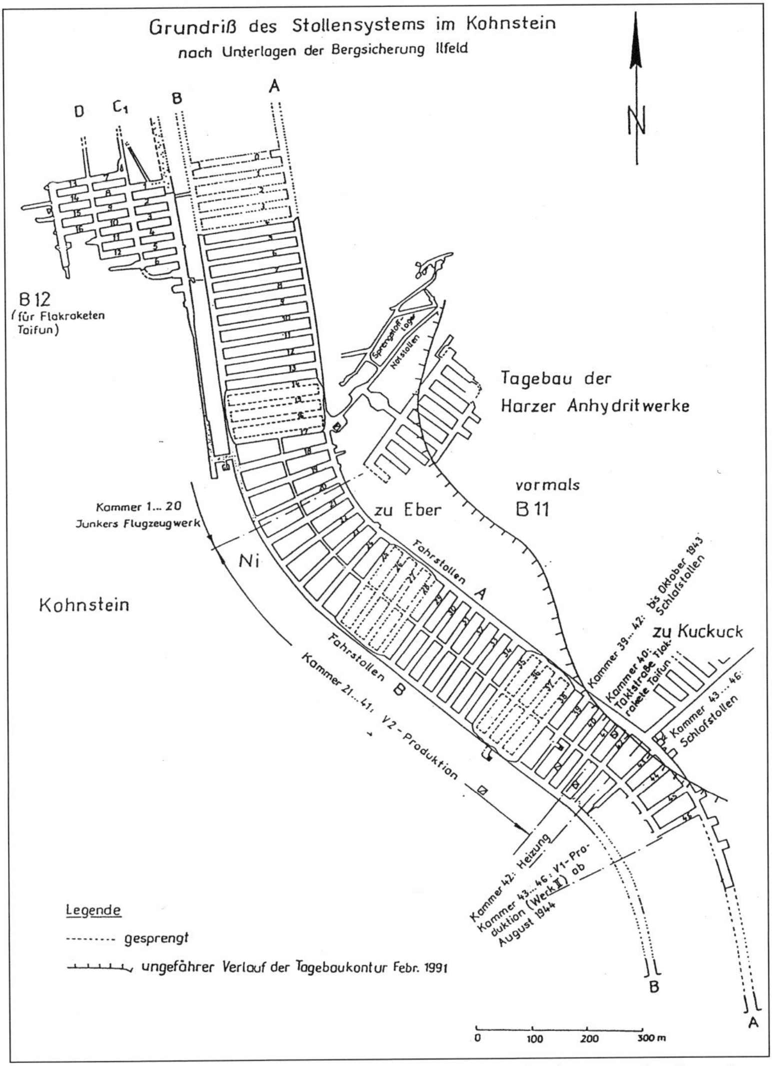

KZ-Gedenkstätte Mittelbau-Dora

Lageplan der Stollenanlage im Kohnstein.

K. L. Dora: Bydlení ve štole

KZ-Gedenkstätte Mittelbau-Dora

Die unterirdischen Unterkunftsblöcke. Holzschnitt des ehemaligen Dora-Häftlings Dominik Černý, 1953.

Während die „Schlafstollen“ ausgebaut wurden, trafen aus Peenemünde nicht nur die dort demontierten Montagevorrichtungen, Pressen und Maschinen ein, sondern auch etwa 600 Häftlinge und ein Teil des deutschen Personals. Im November 1943 wurden zusätzlich die Häftlinge, das zivile Personal und die Maschinen aus den Rax-Werken bei Wien in den Kohnstein verlegt, nachdem die dortige Raketenmontage aus Luftschutzgründen endgültig eingestellt worden war.

Die Arbeits- und Lebensbedingungen in der „Hölle von Dora“, wie Überlebende später die bitteren Monate des Stollenausbaus im Herbst und Winter 1943/44 bezeichneten, übertrafen an Schrecken fast alles, was die Häftlinge in ihrer vorherigen Lagerhaft hatten erleben müssen. Die Holzpritschen in den „Schlafkammern“ waren schon bald vollkommen mit Ungeziefer und Fäkalien verdreckt. Waschgelegenheiten gab es nicht und als Latrinen dienten halbierte Benzinfässer, die vor den Stolleneingängen im Fahrstollen A aufgestellt wurden. In unmittelbarer Nachbarschaft der Schlafstollen wurde ununterbrochen an der Fertigstellung des Fahrstollens A gearbeitet, der noch keinen Ausgang zur Südseite des Kohnsteins hatte. Sprengungen und Bohrmaschinen verbreiteten ständigen Lärm. Hohe Luftfeuchtigkeit, dichter Gesteinsstaub und giftige Dämpfe machten das Atmen zur Qual. Es herrschte ein unerträglicher Gestank, der von den Abortkübeln und den in dunklen Ecken verwesenden Leichen ausging. Gearbeitet und „geruht“ wurde umschichtig. Alle 12 Stunden wurden die Häftlinge aus den Schlafstollen gegen diejenigen ausgetauscht, die ihre Arbeitsschicht beendet hatten. Trotzdem herrschte in den Kammern eine drangvolle Enge. Tote lagen zwischen den Lebenden.

Der Franzose Jean Michel gehört zu den wenigen, die das unterirdische Konzentrationslager überlebt haben. Über seine Ankunft in Dora schrieb er später:

„Der erste Tag ist schrecklich. Kapos und SS treiben uns mit höllischer Geschwindigkeit an, Schreie schallen durch die

Reihen, drohen mit der Erschießung; es sind Dämonen! Der Lärm bohrt sich in den Kopf hinein und legt die Nerven blank. Der wahnsinnige Rhythmus dauert fünfzehn Stunden an. Ankunft in den Schlafstollen ... wir versuchen nicht einmal, die Bettgestelle zu erreichen. Vollkommen erschöpft sinken wir auf die Felsen, auf den Boden nieder. Von hinten stoßen uns die Kapos weiter. Die Hinteren stolpern über die Körper ihrer Kameraden weiter. Bald liegen tausend verzweifelte Männer da, am Rand ihrer Kräfte angelangt und von Durst geplagt, und warten auf einen Schlaf, der nie kommt, schließlich sind die Schreie der Wachen, der Lärm der Maschinen, die Explosionen und das Pfeifen der Lokomotiven auch hier noch zu hören."[2]

Üblicherweise wurden die Leichen vor den Blockeingängen im Fahrstollen A gestapelt und nach der Registrierung zur Verbrennung abtransportiert. Anders als in anderen Konzentrationslagern nahm es die SS mit den Stärkemeldungen im Kohnstein nicht allzu genau – aus dem Stollen konnten Häftlinge ja ohnehin kaum fliehen. Aus diesem Grund unterblieben die täglichen Zählappelle. Bald gab es auch die anfangs noch im Freien vor dem Stolleneingang vorgenommenen Sonntagsappelle nicht mehr, nachdem bei einem „Generalappell" im Herbst 1943 einige Hundert Häftlinge gefehlt hatten. Die meisten von ihnen waren tot – zusammengebrochen und gestorben vor Erschöpfung, vor Hunger und Durst oder aufgrund von Misshandlungen oder Krankheiten. Irgendwo in den schlecht beleuchteten Stollen lagen ihre Leichen.

Die hohen Todeszahlen im Stollen waren nicht nur Folge der katastrophalen hygienischen Bedingungen in den Schlafstollen, sondern auch der völlig mangelhaften Ernährung und der mörderischen Arbeitsbedingungen. Täglich mussten die Häftlinge 12 Stunden kräftezehrende Montage- und Bauar-

---

2 Jean Michel: Dora, London 1979, S. 68, dt. Übersetzung durch den Verf.

KZ-Gedenkstätte Mittelbau-Dora, Walter Frentz

Ausbau der Stollenanlage im Kohnstein, Frühsommer 1944.

beiten verrichten. Auf die Gesundheit der Arbeitskräfte nahm die Bauleitung keine Rücksicht. Arbeitsunfälle waren an der Tagesordnung. Wer das Arbeitstempo nicht mithalten konnte, wurde von Vorarbeitern und Kapos mit Schlägen und Tritten erbarmungslos angetrieben. Kapos waren Mithäftlinge, die von der SS als Vorgesetzte in den KZ-Arbeitskommandos eingesetzt und dafür mit Privilegien ausgestattet wurden.

Ein weiterer Grund für die hohen Todesraten war die katastrophale Bekleidung der Häftlinge. Tag und Nacht trugen die Häftlinge den gleichen gestreiften Anzug, der aus einer dünnen Jacke, einer Hose und einem Hemd bestand. Schon nach wenigen Tagen im Stollen war die Kleidung völlig verdreckt und zerschlissen. Straßen- oder gar Arbeitsschuhe waren die seltene Ausnahme. Üblicherweise trugen die Häftlinge klobige Holzpantinen, die immer wieder Schürfwunden an den

Füßen verursachten, vor denen die dünnen Fußlappen nicht schützen konnten. Manche hatten überhaupt keine Schuhe. Notdürftig versuchten sie sich vor dem spitzen Gestein am Boden zu schützen, indem sie sich Streifen von Zementsäcken um die Füße wickelten. Quälend und auslaugend wirkten auch der ständige Hunger und Durst. Wasserleitungen gab es zwar im Stollen, sie durften von Häftlingen jedoch nicht angezapft werden.

Schlafentzug, Hunger, Überanstrengung und Krankheiten zehrten die Häftlinge körperlich aus. Eine ärztliche Versorgung gab es kaum. Je nach körperlicher Konstitution und psychischer Abwehrkraft führte das Arbeiten und Vegetieren im Stollen spätestens nach vier bis acht Wochen zur vollständigen Erschöpfung. Die Zahl der Todesfälle begann ab November 1943 steil anzusteigen. Im Winter 1943/44 erreichte die Sterblichkeit ein solches Ausmaß, dass bald mehr Häftlinge starben als neue mit den Transporten aus Buchenwald eintrafen.

Die Ingenieure schien das nicht zu kümmern. Am 10. Dezember 1943 besichtigte Rüstungsminister Albert Speer die im Bau befindliche unterirdische Raketenfabrik. Wenige Tage später bedankte er sich schriftlich bei SS-General Kammler:

> *„Sehr geehrter Herr Kammler, der Leiter des Sonderausschusses A 4, Degenkolb, berichtete mir, daß Sie es fertiggebracht haben, die unterirdische Anlage [...] aus dem Rohzustand in einer fast unmöglich kurzen Zeit von 2 Monaten in eine Fabrik zu verwandeln, die ihresgleichen in Europa kein annäherndes Beispiel hat und darüber hinaus selbst für amerikanische Begriffe unübertroffen dasteht. Ich nehme deshalb Veranlassung, Ihnen für diese wirklich einmalige Tat meine höchste Anerkennung auszusprechen, mit der Bitte, Herrn Degenkolb auch weiterhin in dieser schönen Form zu unterstützen."*[3]

---

3 Schreiben Speer an Kammler, 17.12.1943, BA Berlin, R3/1585, Bl. 32.

Anders äußerte sich SS-Arzt Dr. Karl Groß, der wenige Tage nach dem Speer-Besuch vom Hygiene-Institut der Waffen-SS in Berlin zu einer Inspektion nach Nordhausen geschickt worden war. *„Auffallend sind Schwer- und Schwerstkranke sowie auch Sterbende am Arbeitsplatz“*, schrieb Groß nach dem Besuch in einem Bericht, und weiter:

> *„Die Häftlinge machen zum großen Teil einen frierenden Eindruck. Die Bekleidung ist für die Arbeit im Stollen (starker Durchzug) unzureichend. Das Schuhwerk ist zum Teil mangelhaft. [...] Sanitäre Anlagen im Stollen (Arbeitsstellen, Schlafstollen) gibt es nur im Projekt. Die Zustände sind als katastrophal zu bezeichnen. In zerbeulte, niedere Blechkübel, die – soviel man sehen konnte – alle überfüllt und außen vollkommen verschmutzt waren, versuchen die Häftlinge ihre Notdurft zu verrichten. Die kleine Notdurft wird frei im Stollen verrichtet. Beim Abtransport der Kübel konnte mehrfach das Verschütten des Inhaltes beobachtet werden (Kotpfützen!). Waschgelegenheiten im Stollen gibt es ebenfalls nicht.“* [4]

Man könnte auf die Idee kommen, dass aus dem Bericht des SS-Arztes humanitär motivierte Empathie spricht. Tatsächlich offenbart er jedoch einen rein utilitaristisch motivierten kalten ökonomischen Blick, der ganz der Logik des KZ-Systems entsprach, wie sich an den *„Vorschlägen für das Lager ‚Dora‘“* zeigt, die Groß am Ende seines Berichtes gab. Darin forderte er u.a., *„zumindest die wertvollen Facharbeiter unter den Häftlingen mit warmen Kleidungsstücken (Pullover, Wollstrümpfe usw.) auszustatten und dieselben auch unterbringungsgmäßig von den übrigen Häftlingen zu trennen“*, zudem *„regelmäßige Gesundheitsappelle zur Erfassung schwerkranker Häftlinge“*

4 DODAD Brüssel, 1546/Ding-Schuler, unpag, Schreiben Dr. Karl Groß, Hygiene-Institut der Waffen-SS, an SS-WVHA, Amt D III, 23.12.1943.

sowie „*eine entsprechend strenge Auswahl der Häftlinge*", „*um eine unnötige Belastung des Betriebes mit körperlich mangelhaftem Menschenmaterial [...] zu vermeiden*", ferner der „*Bau eines Krematoriums so bald als möglich*" („*hierbei ist sofort an ausreichenden Verbrennungsraum zu denken*"), und schließlich „*die Errichtung eines Ausweichlagers für arbeitsunfähige Häftlinge*".[5]

Die SS-Führung im Lager Dora setzte die Vorschläge von SS-Arzt Groß zügig um. Am 6. Januar 1944, nur zwei Wochen nachdem Groß seinen Bericht geschrieben hatte, verließ ein erster Transport mit 1000 als arbeitsunfähig ausgemusterten Häftlingen Dora in Richtung Lublin-Majdanek. Einen Monat später folge ihm ein zweiter Transport mit ebenfalls 1000 Häftlingen. Anfang April 1944 überstellte die SS einen dritten Transport mit kranken und sterbenden Häftlingen in das KZ Bergen-Belsen. Kaum einer der in das KZ Majdanek und nur wenige der nach Bergen-Belsen überstellten Häftlinge haben überlebt. Zu diesen Opfern müssen weitere fast 3000 Tote hinzugezählt werden, die bis einschließlich März 1944 im und am Kohnstein starben. Damit starb in Dora im Winter 1943/44 fast jeder zweite Häftling.

Auch hinsichtlich des Krematoriums kam die SS in Dora den Vorschlägen von Dr. Groß nach. Während der ersten Monate waren die Leichen noch mit Lastkraftwagen zur Verbrennung in das Krematorium des KZ Buchenwald gebracht worden. Der Anblick der ausgemergelten Leichen aus Dora verbreitete dort Angst und Schrecken und trug dazu bei, dass das Außenlager im Kohnstein schnell den Ruf eines Todeslagers erhielt. Im März 1944 ging die SS dazu über, die Toten von Dora vor Ort in einem fahrbaren Krematorium zu verbrennen und gleichzeitig den Bau eines massiven lagereigenen Krematoriums zu veranlassen. Dieses ging im September 1944 in Betrieb.

Anfang Januar 1944 verließen die ersten fertigen A4-Raketen die Montagebänder im Kohnstein und wurden zu Versuchs-

---

5 Ebd.

zwecken nach Peenemünde gebracht. Allerdings mussten sie fast alle wieder zurückgeschickt werden, weil sie nicht funktionstüchtig waren. Wie hastig und improvisiert man bei der Einrichtung des Werkes vorging, zeigt sich auch in der erst nachträglich erfolgten Gründung der Mittelwerk GmbH, wie die unterirdische Raketenfabrik im Kohnstein hieß.

Die Mittelwerk GmbH

Für das Gemeinschaftsprojekt von Heer, Speer-Ministerium und SS musste eine formale Organisationsform gefunden werden. Man einigte sich auf eine aus staatlichen Geldern finanzierte privatwirtschaftlich organisierte GmbH, die formal am 24. September 1943 gegründet wurde und deren Anteile zu 100 Prozent beim Rüstungsministerium lagen. Die von der Firma hergestellten Raketen sollten von der Wehrmacht gekauft werden, die Stollenanlage blieb Eigentum der ebenfalls reichseigenen Wifo.

In den Leitungsgremien der Mittelwerk GmbH saßen Vertreter aller beteiligten Institutionen. Im Beirat vertraten Karl-Maria Hettlage, Gerhard Degenkolb und Heinz Schmidt-Loßberg das Rüstungsministerium, General Dornberger das Heereswaffenamt und Gruppenführer Kammler die SS. Die Geschäftsführung der Firma bestand mit Kurt Kettler, Arthur Rudolph und Albin Sawatzki nicht nur aus Managern und Ingenieuren, die vom Rüstungsministerium vermittelt worden waren

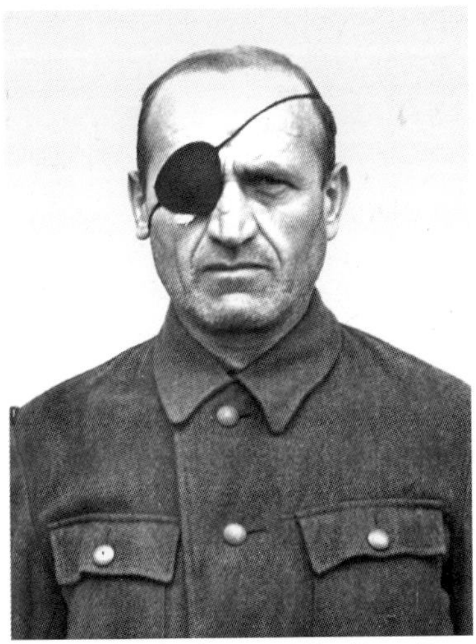

KZ-Gedenkstätte Mittelbau-Dora

Otto Förschner in amerikanischer Haft, 1945.

oder bereits in Peenemünde für die Heeresanstalt gearbeitet hatten, sondern es war mit dem Kommandanten des Lagers Dora, SS-Sturmbannführer Otto Förschner, auch die SS vertreten. Im April 1944 wechselte mit Georg Rickhey von den Demag-Fahrzeugwerken in Berlin-Falkensee ein weiterer Manager aus der Privatwirtschaft in das Mittelwerk. Er übernahm den neu geschaffenen Posten des Generaldirektors.

KZ-Gedenkstätte Mittelbau-Dora

Georg Rickhey, um 1946.

Der Umzug der Häftlinge in das Barackenlager

Mit der schrittweisen Aufnahme der Raketenmontage im Mittelwerk begannen sich die Verhältnisse in „Dora" im Frühjahr 1944 zu ändern. Waren die Häftlinge bisher überwiegend bei kräftezehrenden Bauarbeiten eingesetzt worden, die keine spezielle Qualifikation erforderten, brauchte man für die Arbeit an den Maschinen ausgebildete und leistungsfähige Arbeitskräfte. „Fertigungshäftlinge" galten der SS und der Werksleitung als nicht so leicht ersetzbar wie „Bauhäftlinge". Sie mussten über einen längeren Zeitraum angelernt werden und ihr Ausfall hätte einen ökonomischen Schaden bedeutet. Es lag daher im Interesse der Firmenleitung, dafür zu sorgen, dass die Versorgung der in der Raketenmontage eingesetzten Häftlinge erheblich verbessert wurde und ihre Arbeitskraft zumindest ansatzweise erhalten blieb.

Eine wesentliche Ursache für den hohen Krankenstand und die enorme Todesrate lag in den katastrophalen sanitären Bedingungen in den Schlafstollen. Die Grundvoraussetzung für eine Verbesserung der Arbeitsleistungen war daher der Umzug in die oberirdischen Baracken. Im Frühjahr 1944 wurde deshalb der Aufbau des oberirdischen Barackenlagers, den man bereits seit September 1943 geplant hatte, forciert. Nach und nach entstanden auf dem von einem elektrischen Zaun und 18 hölzernen Wachtürmen umgebenen Areal neben einigen massiv gemauerten Wirtschaftsgebäuden, dem Krematorium und einem ebenfalls massiven Arrestzellenbau („Bunker") rund 70 Holzbaracken, die als Verwaltungs-, Kranken- und Unterkunftsblöcke dienten.

Bis Anfang Juni 1944 wurden die Häftlinge schrittweise aus den Schlafstollen in das im Bau befindliche Barackenlager verlegt. Manche Häftlinge hatten bis dahin bis zu neun Monate in der Dunkelheit verbringen müssen – falls sie überlebt hatten.

Mit der Verlegung in das oberirdische Lager verbesserten sich die Lebensbedingungen für viele Häftlinge erheblich. Allein der Umstand, an einem warmen, trockenen und vergleichsweise sauberen Ort untergebracht zu sein, bedeutete eine wesentliche Verbesserung gegenüber den stickigen, feuchten und verdreckten Schlafstollen. Außerdem gab es in

KZ-Gedenkstätte Mittelbau-Dora

Im Bau befindliche Baracken im Krankenrevier, 1944.

den Baracken Latrinen und Waschgelegenheiten, während die Häftlinge sich im Stollen oft monatelang nicht hatten waschen können. Da gleichzeitig die Möglichkeiten der ärztlichen Behandlung mit der Einrichtung des Krankenbaus wesentlich ausgebaut wurden, die Verpflegung verbessert wurde und die in der Raketenmontage eingesetzten Häftlinge unter nicht mehr ganz so harten Arbeitsbedingungen zu leiden hatten, ging seit April 1944 die Todesrate drastisch zurück – nach über 720 Toten im März wurden im Mai noch 54 Tote gezählt.

Die Senkung der Todesrate in Dora war jedoch nicht nur eine Folge der verbesserten Lebensbedingungen. Zunächst einmal war sie durch den Umstand bedingt, dass alle Schwerkranken und Sterbenden kurzerhand nach Majdanek und Bergen-Belsen abgeschoben worden waren. Mehrere Tausend andere, die nach den Stollenausbauarbeiten im Kohnstein körperlich erschöpft waren und für die Arbeit in der Raketenmontage nicht geeignet schienen, schob die SS im Frühjahr 1944 in neu entstehende Außenlager in der Umgebung ab. Dort mussten sie wie zuvor körperlich auszehrende Bauarbeiten verrichten. Viele starben bald.

In Dora blieben nur diejenigen zurück, die noch einigermaßen kräftig und gesund waren, denn sie sollten in der Raketenmontage arbeiten. Die durch die Sterbefälle und die Transporte in andere Lager entstandenen Lücken wurden aufgefüllt durch neue, „unverbrauchte“ und beruflich für die Raketenproduktion qualifizierte Häftlinge, die von den Ingenieuren des Mittelwerkes in allen Konzentrationslagern gezielt ausgesucht wurden. Selbst der Direktor des Peenemünder Entwicklungswerkes, Wernher von Braun, musterte im August 1944 im KZ Buchenwald Häftlinge für die Raketenmontage im Mittelwerk.

Zwangsarbeit und Raketenrüstung im Mittelwerk

Trotz des umfangreichen Einsatzes von KZ-Häftlingen lief die Raketen-Montage im Mittelwerk nie planmäßig. Bald schon stellte sich heraus, dass die Zwangsarbeit von KZ-Häftlingen in der aufwändigen Raketenmontage nur bedingt möglich war, weil sie über einen längeren Zeitraum eingearbeitet und auch danach noch ständig bei der Arbeit überwacht und angetrieben werden mussten. Das funktionierte nicht so, wie sich das die Geschäftsleute und Raketeningenieure in Nordhausen und Peenemünde vorgestellt hatten. Einen „Bauhäftling", der mit der Schaufel in der Hand Stollen vorantreiben sollte, konnten die Bewacher mit körperlichem Zwang buchstäblich bis zum Umfallen ausbeuten. Ein „Fertigungshäftling", der an der Rakete filigrane Schweißarbeiten vornehmen musste, konnte dagegen nicht ohne weiteres durch körperliche Gewalt zur Arbeit bewegt werden, wollte man das Produkt nicht gefährden. Freiwillig waren die Häftlinge aber kaum bereit, an einer Waffe zu arbeiten, die den Krieg und damit auch das eigene Leiden in den Lagern verlängern sollte. Außerdem mussten sie davon ausgehen, dass die von ihnen mitgefertigten Waffen die Angehörigen in der Heimat bedrohten.

Die Leitung des Mittelwerkes und die SS versuchten das Problem zu lösen, indem sie als Leistungsanreiz ein Prämiensystem einführten. Es gab Wertgutscheine, mit denen sich die Häftlinge im Lager zusätzliche – meist minderwertige – Lebensmittel kaufen konnten oder Zugang zum Lagerkino und zum Bordell erhielten, in dem weibliche Häftlinge zur Prostitution gezwungen wurden. Da der Grundwiderspruch zwischen den Häftlingen und ihren Peinigern damit aber nicht aufgelöst war (die einen wollten überleben, die anderen die Arbeitskraft bis zu deren Tod ausbeuten), wirkte das Prämiensystem nicht leistungssteigernd. Die Betriebsleitung des Mittelwerkes bemühte sich daher, das Zahlenverhältnis zwischen Häftlingen und deutschen Zivilarbeitern ständig nach oben zu korrigieren. Hatten im Herbst 1943 auf jeden deutschen Zivilarbeiter noch acht Häftlinge kommen sollen, waren es im April 1944 nur noch zwei (auf 2500 deutsche Zivilbeschäftigte im Mittelwerk kamen 4900 KZ-Häftlinge). Der Überwachungsdruck gegenüber den Häftlingen wurde damit stark erhöht.

Erhebliche Schwierigkeiten ergaben sich für den Produktionsablauf im Mittelwerk auch durch politische und militärische Entscheidungen, die durch Hitler, die Wehrmachtsspitze und im Rüstungsministerium gefällt wurden. Auf Anweisung des Rüstungsministeriums wurde das Mittelwerk im April 1944 gezwungen, die nördliche Hälfte seiner Stollenanlage zugunsten des Junkers-Konzerns zu räumen. Hier wurde unter der Tarnbezeichnung „Nordwerk AG" im Sommer 1944 mit der Produktion von Strahltriebwerken begonnen. Im Mittelwerk hatte der Umzug innerhalb der Stollenanlage und die Reduzierung der Fertigungsfläche um fast die Hälfte einen drastischen Produktionseinbruch zur Folge: Wurden im Mai 1944 noch über 430 A4-Raketen im Mittelwerk montiert, so sank der Ausstoß im Juli 1944 auf nur noch 86 Raketen. Und auch wenn sich die Produktionszahlen danach wieder erhöhten, konnte das Produktionssoll von monatlich 900 Raketen nie erreicht werden. Insgesamt wurden im Mittelwerk bis Ende März 1945 rund 6000 A4-Raketen und etwa ebenso viele Flügelbomben vom Typ Fi 103 (der sogenannten V1) montiert.

Unternehmen Mittelbau: Die Verlagerungspläne des Junkers-Konzerns

Mit Hilfe Speers, Görings und Himmlers konnte SS-Brigadeführer Kammler nach der zügigen Fertigstellung der Raketenfabrik im Kohnstein seine Position in der Bauwirtschaft Anfang 1944 weiter ausbauen. Der Schwerpunkt seiner Aktivitäten verschob sich dabei jedoch vom Raketenprogramm auf die Untertageverlagerung der Flugzeugindustrie.

In Görings Reichsluftfahrtministerium hatte man sich bereits frühzeitig Gedanken um die Verlegung wichtiger Fertigungen gemacht, war jedoch vom Rüstungsministerium abhängig, das die Rohstoffkontingente für Baumaßnahmen zuteilte. Dort verhielt man sich zunächst abwartend. Erst nachdem sich Rüstungsminister Speer Anfang Dezember 1943 selbst in

Nordhausen vom raschen Ausbau des Mittelwerkes überzeugt hatte, entschied er, auch für die Luftrüstung die erforderlichen Mittel für die Untertageverlagerung bereitzustellen. Den bereits eingeschlagenen Weg der Kooperation mit Hans Kammlers SS-Bauorganisation plante er dabei fortzusetzen. Am 21. Dezember 1943 ließ er Kammler damit beauftragen, in der Nachbarschaft des Mittelwerkes eine neue Untertageanlage für den Junkers-Konzern zu schaffen und dafür sowohl die eingearbeitete Bauleitung als auch die Häftlinge, die bereits beim Ausbau des Mittelwerkes eingesetzt worden waren, auf die neue Baustelle zu überführen.

In der Verlegung von Häftlingen aus dem Mittelwerk zum benachbarten Bauprojekt des Junkers-Konzerns deuteten sich bereits die Wechselbeziehungen zwischen den späteren Mittelbau-Lagern an. Im Dezember 1943 waren die Ausbauarbeiten für das Mittelwerk zwar noch nicht abgeschlossen, die Aufnahme der Raketenmontage stand jedoch unmittelbar bevor. Die völlig erschöpften Häftlinge, die für die schweren Bauarbeiten im Mittelwerk herangezogen worden waren, schienen für die Arbeit an den Montagebändern nicht mehr brauchbar zu sein. Ihre Verlegung auf die benachbarte Junkers-Baustelle bot daher die Gelegenheit, ihre Arbeitskraft auch weiterhin auszubeuten, während für das Mittelwerk in allen deutschen Konzentrationslagern neue Häftlinge gemustert wurden, die körperlich noch relativ leistungsfähig waren und beruflich qualifiziert schienen.

Zunächst kamen die Bauarbeiten für das Junkers-Projekt jedoch nicht richtig in Gang. Das änderte sich Anfang März 1944 mit der Gründung des „Jägerstabs“, eines mit weitreichenden Vollmachten ausgestatteten interministeriellen Krisenstabes, dessen Aufgabe es war, zur Bekämpfung der alliierten Luftüberlegenheit die Produktion von Jagdflugzeugen anzukurbeln. Das sollte unter anderem durch die Untertageverlagerung der Flugzeugindustrie geschehen. Als Verantwortlichen dafür setzten Speer und Göring SS-Brigadeführer Hans Kammler ein, der nun daran ging, nach dem Vorbild des Mittelwerkes von

KZ-Häftlingen neue Untertageanlagen für die Produktion von Jagdflugzeugen ausschachten zu lassen. Als Leitungsinstanzen schuf er dafür vier, später fünf „SS-Sonderinspektionen", die für jeweils mehrere sogenannte A- und B-Maßnahmen zuständig waren. Als A-Maßnahmen galten Verlagerungsprojekte in bereits bestehende Untertageanlagen (natürliche Höhlen, Tunnel oder Bergwerke), während die B-Maßnahmen überwiegend die Schaffung neuer Stollenanlagen vorsahen und daher wesentlich arbeitsaufwändiger waren.

Ein Schwerpunkt der Verlagerungsvorhaben des Jägerstabs lag im Südharz. Aufbauend auf den bereits in Angriff genommenen Verlagerungsplänen des Junkers-Konzerns ließ Kammler nicht nur im Kohnstein neue Stollen in den Berg graben (Projekte B 11 und B 12), sondern auch im nahen Himmelsberg bei Woffleben (Projekt B 3) und bei Rottleberode, wo er mit der Heimkehle eine Naturhöhle zur unterirdischen Flugzeugfabrik ausbauen ließ (Projekt A 5). Die genannten Bauvorhaben waren ausnahmslos für die Verlagerung von Junkers-Zweigwerken aus Mitteldeutschland vorgesehen. Im Laufe des Sommers 1944 kamen mit geplanten Stollenanlagen im Mühlberg bei Niedersachswerfen (Projekt B 3b) und unter dem Stolberg bei Stempeda (B 4) weitere Junkers-Untertagebaustellen hinzu.

Für die Mineralölindustrie waren ebenfalls Untertageanlagen vorgesehen, mit deren Ausbau im Sommer und Herbst 1944 begonnen wurde. Das Projekt B 11 wurde zu diesem Zweck umgewidmet – nun sollte im Kohnstein unter der Tarnbezeichnung „Kuckuck I" ein unterirdisches Dehydrierwerk entstehen – und durch das Projekt B 17 ergänzt, einer geplanten unterirdischen Öl-Abfüllanlage im Kammerforst bei Ellrich, rund fünf Kilometer nordwestlich vom Kohnstein (Anlage „Kuckuck II"). Mit dem Projekt „Dachs IV" bei Osterode am nordwestlichen Harzrand sollte eine Stollenanlage für eine Hamburger Raffinerie des Rhenania-Ossag-Konzerns ausgeschachtet werden.

Schließlich wurden seit dem Frühjahr 1944 noch zahlreiche oberirdische Baustellen in der Region Nordhausen eingerichtet. Sie wurden von Kammlers Bauorganisation als Bauvorhaben B 13 zusammengefasst. Dazu zählte vor allem der Bau der Helmetalbahn zwischen Osterhagen und Nordhausen, einer geplanten Ausweichstrecke für die ausgelastete Reichsbahnlinie Nordhausen-Ellrich-Herzberg, über die sämtliche Güter- und Personentransporte zwischen den Lagern und Rüstungswerken am Kohnstein liefen.

Für die genannten Bauvorhaben benötigten die SS-Führungsstäbe Zehntausende von Arbeitskräften. Es herrschte jedoch in Deutschland spätestens seit dem Scheitern der Blitzkriegstrategie nach dem Angriff auf die Sowjetunion im Winter 1941/42 und immer neuen Einberufungswellen zur Wehrmacht ein erheblicher Arbeitskräftemangel. Daran änderte auch der Umstand nichts, dass seit Kriegsbeginn Millionen ausländischer Zivilarbeiter zur Zwangsarbeit nach Deutschland gebracht worden waren. Die einzige Quelle, die Anfang 1944 noch über ein größeres Potenzial von Arbeitskräften verfügte, war die SS. Auf den Baustellen im Südharz mussten deshalb vor allem KZ-Häftlinge arbeiten, auf die Kammlers Bauorganisation innerhalb der SS-Hierarchie bevorzugt zurückgreifen konnte. Im November 1944 waren offiziellen Unterlagen zufolge auf den Baustellen des „Unternehmens Mittelbau" rund um Nordhausen 9500 Deutsche, 10.500 ausländische Zwangsarbeiter und 35.000 KZ-Häftlinge beschäftigt – insgesamt also rund 55.000 Menschen.

Trotz des Einsatzes dieser großen Zahl von Arbeitskräften und mörderischer Arbeitshetze konnte kaum eines der genannten Bauvorhaben fertiggestellt werden. Eine Ausnahme bildet die Verlagerung von Teilen des Junkers-Werkes Schönebeck in die Heimkehle bei Rottleberode. In dieser mit einer Fertigungsfläche von 7400 qm relativ kleinen Anlage, die ja in bereits existierende unterirdische Räume eingebaut wurde, konnte die Fertigung von Flugzeug-Einzelteilen Ende Juli 1944 aufgenommen werden. Die größeren Bauvorhaben wurden hingegen nicht einmal ansatzweise fertiggestellt. Es handelte sich um größenwahnsinnige Planungen, die völlig losgelöst waren von jeglicher Realisierungschance.

Ein Zahlenvergleich mag das verdeutlichen: Für das Ausschachten der rund 110.000 qm Fertigungsfläche des Mittelwerkes bzw. des früheren Wifo-Treibstofflagers hatte man zwischen 1936 und 1944 acht Jahre benötigt. Allein die in Nachbarschaft bzw. unmittelbarer Nähe des Mittelwerkes gelegenen Bauvorhaben B 3, B 11 und B 12 sollten nach den Planungen vom Frühjahr 1944 eine Gesamtfläche von 650.000 qm haben, also die Fläche der existierenden Untertageanlage im Kohnstein um das Sechsfache übertreffen. Die Stollen sollten aber nicht in acht Jahren, sondern in 15 Monaten ausgeschachtet werden – eine absurde Planung, die deutlich macht, wie weitreichend der Realitätsverlust nicht nur in der NS-Führung und der SS, sondern auch unter Rüstungs- und Baufachleuten war. Real war an den Projekten nur der Tod, denn Zehntausende von KZ-Häftlingen und anderen Zwangsarbeitern starben auf den Baustellen für utopische Rüstungsprojekte.

Die Gründung neuer Außenlager im Südharz

Zur Unterbringung der Arbeitskräfte für die Bauvorhaben richtete die SS in der Nähe der Baustellen KZ-Außenlager ein. Diese unterstanden administrativ zunächst noch wie das Lager Dora dem KZ Buchenwald.

Als erstes dieser Lager wurde am 13. März 1944 mit der Überstellung von 200 Häftlingen aus Buchenwald das Außenlager „Heinrich" in Rottleberode eingerichtet, das in den folgenden Monaten, in denen die Heimkehle zum unterirdischen Junkers-Zweigwerk ausgebaut wurde, mit durchschnittlich 600 Häftlingen belegt war. Später waren in dem Lager auch die Häftlinge untergebracht, die in der Fertigung bei Junkers arbeiteten (und von denen viele zuvor schon Zwangsarbeit für Junkers in Schönebeck und Mühlhausen hatten leisten müssen), sowie jene, die auf der Baustelle B 4 bei Stempeda arbeiten mussten. Die Häftlingszahl stieg dadurch in Rottleberode bis Ende 1944 auf rund 1000 Insassen an.

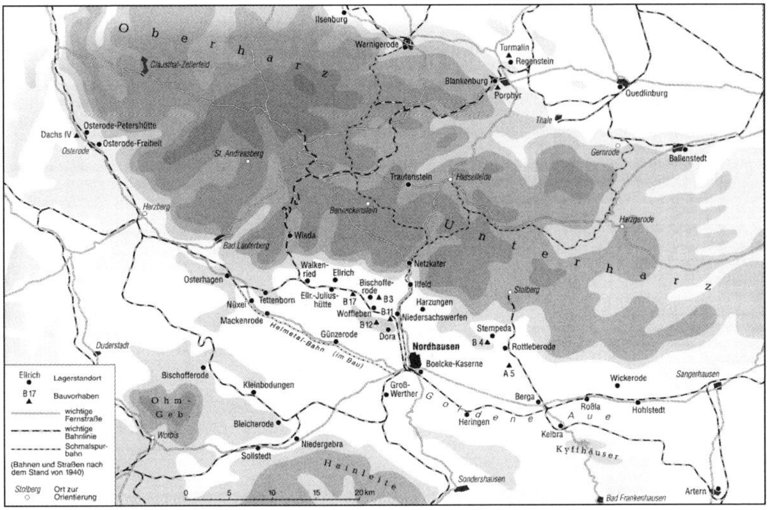

Karte KZ Mittelbau-Dora: Lagerstandorte und Bauvorhaben

Zur Unterbringung der beim Vorhaben B 3 eingesetzten Häftlinge richtete die SS am 1. April 1944 das Lager Harzungen (Deckname „Hans") ein. Das Barackenlager war ursprünglich zur Unterbringung deutscher Zivilarbeiter des Mittelwerkes vorgesehen und wurde mit rund 4000, Anfang 1945 sogar fast 5000 Häftlingen belegt. Sie waren zunächst nur beim Bauvorhaben B 3, später auch auf der Baustelle B 11 eingesetzt.

Da in diesem Lager jedoch nicht alle KZ-Zwangsarbeiter für die Bauvorhaben bei Woffleben und Niedersachswerfen untergebracht werden konnten, begann die SS frühzeitig nach weiteren Unterkunftsmöglichkeiten zu suchen. Ein kleines Häftlingslager im Gut Bischofferode (Deckname „Anna"), das die SS ebenfalls Anfang April einrichtete, bot keine Alternative, weil es räumlich zu beengt war. Außerdem beschlagnahmte die SS-Sonderinspektion II, der alle Bauvorhaben im Südharz unterstanden, das Gut als Dienstsitz. Anfang Mai 1944 wurde das Lager deshalb mit der Überstellung seiner etwa 300 Insassen nach Ellrich-Juliushütte vermutlich wieder aufgelöst.

In Ellrich-Juliushütte richtete die SS am 2. Mai 1944 das nach dem Lager Dora mit Abstand größte Außenlager des Mittelbau-Komplexes ein. Dazu beschlagnahmte sie nahe dem Ellricher Bahnhof mehrere leerstehende Gebäude der stillgelegten Gipsfabriken Kuhlmann und Juliushütte. Die teils baufälligen und von Beginn an katastrophal überbelegten Gebäude dienten der Unterbringung von bis zu 8000 Häftlingen, die auf den ober- und unterirdischen Baustellen der Vorhaben B 3, B 11 und B 12 bei Woffleben und Niedersachswerfen arbeiten mussten. Wegen der mörderischen Arbeitsbedingungen auf den Baustellen, aber auch wegen der katastrophalen hygienischen Bedingungen in den Unterkünften hatte das Lager Ellrich-Juliushütte über einen langen Zeitraum die höchsten Todesraten im Mittelbau-Komplex. Mehr als 4000 Menschen überlebten das Lager nicht.

Wesentlich kleiner als die Lager Harzungen und Ellrich-Juliushütte waren die Außenlager der rund 2000 Häftlinge umfassenden SS-Baubrigaden III und IV, die im Frühsommer 1944 im Zusammenhang mit dem Bau der Helmetalbahn aus Köln und dem Ruhrgebiet in den Südharz verlegt wurden. Dort wurden die Häftlinge beider Baubrigaden auf mehrere Lager verteilt. Das Stammlager der SS-Baubrigade III in Wieda war

KZ-Gedenkstätte Mittelbau-Dora

Außenlager Ellrich-Juliushütte, undatiert. Zeichnung des ehemaligen Häftlings Robert Lançon.

mit rund 250 Häftlingen belegt, das der Baubrigade IV in Ellrich (Gaststätte Bürgergarten) mit rund 950. Jeweils rund 300 Häftlinge waren in kleineren Nebenlagern untergebracht, die die SS entlang der projektierten Bahnlinie in Osterhagen, Nüxei, Mackenrode und Günzerode einrichtete.

Im Herbst 1944 wurden weitere SS-Baubrigaden in den Südharz verlegt. Anfang September 1944 richtete die SS-Baubrigade I ihr Hauptlager in Sollstedt und bald darauf ein Nebenlager in Hohlstedt ein. Die rund 500 Häftlinge dieser Baubrigade waren zuvor nach der alliierten Landung in der Normandie von der französischen Kanalküste „evakuiert" worden. Weitere Standorte von SS-Baubrigaden im Südharz waren seit dem Herbst 1944 Berga (SS-Eisenbahnbaubrigade 1) und Heringen (SS-Eisenbahnbaubrigade 3).

Bis auf die Insassen des Lagers Sollstedt, von denen der größte Teil beim Ausbau des stillgelegten Kalibergwerkes Neusollstedt zu einem unterirdischen SS-Material- und Kleidungsdepot arbeiten musste, wurden sämtliche Häftlinge der in den Südharz überstellten SS-Baubrigaden bei Gleis- und Brückenbauarbeiten für die Reichsbahn eingesetzt. Damit litten sie unter ähnlich kräftezehrenden Arbeitsbedingungen wie die Insassen der „Baulager" Rottleberode, Ellrich und Harzungen.

Die Verlegung der SS-Baubrigaden in den Südharz und die Gründung der Außenlager in Ellrich, Harzungen und Rottleberode lassen erkennen, wie zügig sich im Frühjahr und Sommer 1944 das Vorhaben Mittelbau entwickelte. Sein Zentrum war die im Ausbau befindliche Untertageanlage im Kohnstein und damit auch das Lager Dora. Die steigende Bedeutung dieses Lagers wird allein schon dadurch deutlich, dass es bald schon eigene Nebenlager bildete. Zwei dieser Lager entstanden im Zusammenhang mit der Ausgliederung von Betriebsabteilungen des Mittelwerkes nach Roßla und Kleinbodungen. Die durchschnittlich etwa 110 Häftlinge des Ende August 1944 gegründeten Lagers Roßla wurden wie die etwa 700 Insassen des Anfang Oktober 1944 eingerichteten Lagers in Kleinbodungen (Deckname „Emmi") bei der Lagerung und Reparatur

National Archives Washington

Amerikanische Soldaten inspizieren das V2-Reparaturwerk in Kleinbodungen, 21.04.1945.

defekter A4-Raketen eingesetzt. Anfang November 1944 bildeten die beiden Lager wiederum eigene Nebenlager in den Ortschaften Bischofferode/Eichsfeld (mit durchschnittlich 60 Häftlingen belegt), Niedergebra (40 Häftlinge) und Kelbra (60 Häftlinge).

Drei kleine weitere Nebenlager Doras entstanden im Frühherbst 1944 in Quedlinburg, Trautenstein und Bleicherode. Von allen anderen Lagern des Mittelbau-Komplexes unterschieden sie sich dadurch, dass sie ausschließlich mit Italienern belegt waren. Diese waren nach dem italienisch-alliierten Waffenstillstand im September 1943 in deutsche Kriegsgefangenschaft geraten und bald darauf als Zwangsarbeiter in die Konzentrationslager verlegt worden. Die Insassen der drei genannten Lager wurden beim Bau einer Starkstromleitung eingesetzt, die vom nördlichen Harzvorland über den Harz bis nach Bleicherode führen sollte.

Aus Dora wird Mittelbau

Zwar unterstanden alle KZ-Außenlager im Südharz formal zunächst noch dem KZ Buchenwald, mit der Übernahme bestimmter einheitlicher Verwaltungsaufgaben besonders für die Lager Ellrich-Juliushütte und Harzungen zeigten sich aber von Beginn an Zentralisierungstendenzen im Lager Dora. Das Arbeitseinsatzbüro in Dora gab Häftlinge, die aufgrund ihrer physischen Konstitution oder mangelnder fachlicher Qualifikation für die Raketenmontage nicht (mehr) brauchbar schienen, nach Selektionen in die umliegenden Lager ab. Dort wurden sie erneut bei Bau- und Schachtarbeiten eingesetzt. Allein in den sieben Monaten von April 1944 bis zur Verselbstständigung des KZ-Komplexes Mittelbau-Dora Ende Oktober 1944 wurden auf diese Weise über 11.000 Häftlinge aus Dora in die Lager Ellrich-Juliushütte und Harzungen überstellt. Dadurch entwickelte sich das Lager Dora zunehmend zu einer Drehscheibe des Häftlingsverschubs. Die dortige Arbeitseinsatz-Dienststelle erhielt bald Aufgaben, die eigentlich nur dem Arbeitseinsatzbüro eines KZ-Hauptlagers zustanden. Das SS-Wirtschafts-Verwaltungshauptamt (WVHA) trug dieser Entwicklung Rechnung, indem es im Sommer 1944 auf Anforderung des Lagerkommandanten Förschner dem Lager Dora mit dem von Auschwitz versetzten SS-Untersturmführer Alois Kurz einen eigenen „Arbeitseinsatzführer“ zuwies.

Dass die zentrale Verwaltung der Häftlingszwangsarbeit für die schrittweise Entwicklung des KZ-Komplexes Mittelbau-Dora von entscheidender Bedeutung war, zeigt sich auch in einem „Sonderbefehl“ des Lagerkommandanten Förschner vom 10. September 1944. Dieser regelte nicht nur die nun einem einheitlichen Kommando unterstellte Bewachung der Mittelbau-Lager neu, sondern auch die Zuordnung der Außenlager zu den einzelnen Bauvorhaben. Angesichts der räumlichen Dichte der Baustellen im Raum Niedersachswerfen war die SS hier von der sonst üblichen Praxis abgewichen, für jedes Bauprojekt bzw. für jeden Rüstungsbetrieb ein eigenes Außenlager einzurichten. Stattdessen mussten etwa auf der Baustelle B 11 zeitweise Häftlinge aus Ellrich, Harzungen und aus dem Lager Dora arbeiten. Diese Situation schuf nicht nur Transportprobleme, sondern brachte wiederholt auch die Arbeitseinsatzdienststellen in den betreffenden Lagern in Verwirrung, da auf den Baustellen willkürlich Häftlingskommandos hin- und hergeschoben wurden. Das verringerte die Effizienz der Häftlingszwangsarbeit und erschwerte die Abrechnung des Häftlingsverleihs an die verschiedenen Baufirmen. Förschner ordnete deshalb in seinem „Sonderbefehl" an, dass die *„den einzelnen Bauvorhaben zugeteilten Häftlinge durch Markierungsschilder auf dem linken Oberarm kenntlich gemacht werden"* sollten. Außerdem verfügte er eine Reorganisation der Kommandozuteilung in den entsprechenden Außenlagern:

> *„Die Unterbringung der Häftlinge ist ab sofort so durchzuführen, daß die Stollenschicht-Häftlinge des Vorhabens B 3/a und B 11 sowie die Tagesschicht B 3/b und die der in der Nähe liegenden Baustellen des Vorhabens B 13 im Lager Harzungen untergebracht werden. Das Kommando Steinbruch Netzkater [bisher dem Lager Dora angeschlossen, Anm. d. V.] ist ebenfalls vom Kommando Harzungen zu stellen. Die Tagesschicht-Häftlinge des Bauvorhabens B 3/a sind restlos im Lager Ellrich unterzubringen. Die noch im Lager Harzungen liegenden Tagesschicht-Häftlinge des Bauvorhabens B 11 (75 Häftlinge) sind sofort nach Ellrich zu verlegen; ebenso ist eine Umquartierung der Bauhäftlinge des Mittelwerkes vorzunehmen."*[6]

Schließlich sollte, so Förschner, für das Bauvorhaben B 12 ein eigenes Außenlager in der Nähe der Baustelle entstehen. Es dauerte allerdings noch bis Anfang Januar 1945 bis dieses

6 Sonderbefehl der SS-Standortführung Mittelbau, 10.9.1944, DMD, 50.1.4.3/3.

mit durchschnittlich 1000 Häftlingen belegte Lager bei Woffleben tatsächlich eingerichtet wurde.

Förschners Befehl vom 10. September 1944 markiert einen wesentlichen Zwischenschritt auf dem Weg zur Eigenständigkeit des Mittelbau-Komplexes. Nicht nur die Organisation der

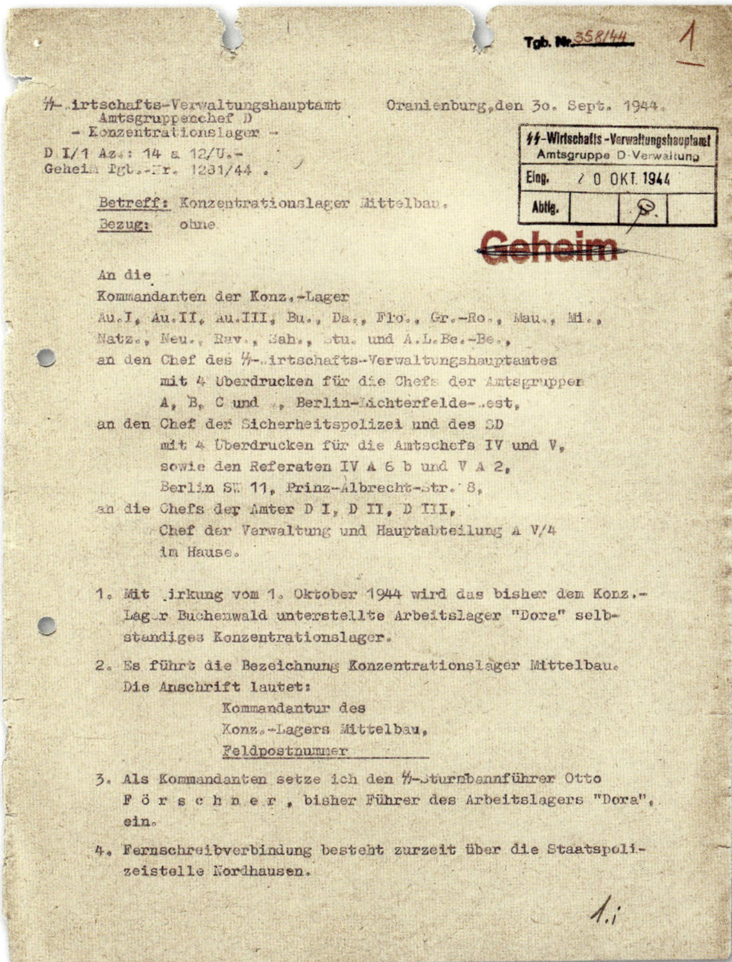

Tgb. Nr. 358/44

SS-Wirtschafts-Verwaltungshauptamt
Amtsgruppenchef D
- Konzentrationslager -
D I/1 Az.: 14 a 12/U.-
Geheim Tgb.-Nr. 1231/44.

Oranienburg, den 30. Sept. 1944.

SS-Wirtschafts-Verwaltungshauptamt
Amtsgruppe D-Verwaltung
Eing. 20 OKT. 1944
Abtlg.

Geheim

Betreff: Konzentrationslager Mittelbau.
Bezug: ohne

An die
Kommandanten der Konz.-Lager
Au.I, Au.II, Au.III, Bu., Da., Flo., Gr.-Ro., Mau., Mi., Natz., Neu., Rav., Sah., Stu. und A.L.Be.-Be.,
an den Chef des SS-Wirtschafts-Verwaltungshauptamtes
mit 4 Überdrucken für die Chefs der Amtsgruppen A, B, C und [illegible], Berlin-Lichterfelde-West,
an den Chef der Sicherheitspolizei und des SD
mit 4 Überdrucken für die Amtschefs IV und V, sowie den Referaten IV A 6 b und V A 2, Berlin SW 11, Prinz-Albrecht-Str. 8,
an die Chefs der Ämter D I, D II, D III,
Chef der Verwaltung und Hauptabteilung A V/4
im Hause.

1. Mit Wirkung vom 1. Oktober 1944 wird das bisher dem Konz.-Lager Buchenwald unterstellte Arbeitslager "Dora" selbständiges Konzentrationslager.
2. Es führt die Bezeichnung Konzentrationslager Mittelbau. Die Anschrift lautet:
Kommandantur des
Konz.-Lagers Mittelbau,
Feldpostnummer
3. Als Kommandanten setze ich den SS-Sturmbannführer Otto F ö r s c h n e r, bisher Führer des Arbeitslagers "Dora", ein.
4. Fernschreibverbindung besteht zurzeit über die Staatspolizeistelle Nordhausen.

National Archives Washington

Rundschreiben des SS-Wirtschaftsverwaltungs-Hauptamtes zur Selbstständigkeit des KZ Mittelbau, 30. September 1944.

Häftlingszwangsarbeit trug wesentlich zur Verselbstständigung des KZ Mittelbau-Dora bei, sondern ebenso der Umstand, dass das Lager Dora über sein Arbeitseinsatzbüro hinaus bereits frühzeitig Funktionen eines Hauptlagers übernahm. Für die SS erwies es sich als zeit- und kostensparend, dass sie in den Lagern Harzungen und Ellrich-Juliushütte auf den Ausbau von Einrichtungen verzichten zu können glaubte, die im Lager Dora zur Verfügung standen. Dazu zählten neben dem Arrestzellenbau („Bunker") vor allem das Krematorium und der „Häftlingskrankenbau". Die meisten Kranken aus Ellrich und Harzungen wurden – wenn man sie überhaupt versorgte – zur Behandlung nicht in das ferne Buchenwald überstellt, sondern in das Häftlingsrevier des Lagers Dora.

Zur Verselbstständigung der Lager im Südharz führte aber vor allem der Umstand, dass sie der SS-Bauorganisation Hans Kammlers unterstanden. Das führte im Sommer 1944 zu organisatorischen Veränderungen. Das bisherige „Kommando Dora" hieß seit Juni 1944 „Mittelbau I"; die Lager Ellrich-Juliushütte und Harzungen wurden als „Mittelbau II" bezeichnet. Im September 1944 wurden alle Wachmannschaften im Bereich des schon Mitte Juli 1944 eingerichteten „SS-Standortes Mittelbau" einheitlich einem „SS-Wachkommando Mittelbau" unterstellt.

Die vom WVHA zum 28. Oktober 1944 verfügte offizielle Verselbstständigung war danach eigentlich nur noch ein formaler Akt. Neben den Lagern Dora, Ellrich-Juliushütte und Harzungen sowie den Standorten der Baubrigaden III und IV übernahm das KZ Mittelbau an diesem Tag die ebenfalls bisher Buchenwald unterstellten Außenlager Rottleberode („Heinrich"), Blankenburg („Klosterwerke" bzw. „Porphyr"), Osterode (Fa. Heber), Wernigerode (Rautalwerke) und die SS-Baubrigade V, deren größter Teil zu diesem Zeitpunkt in Osnabrück eingesetzt war.

Mittelbau als selbstständiges KZ-Hauptlager

Zum Zeitpunkt seiner Verselbstständigung Ende Oktober 1944 hatten die Lager des KZ Mittelbau eine Gesamtstärke von rund 32.500 Häftlingen. Bis April 1945 erhöhte sich trotz ständig steigender Todesraten die Zahl der Häftlinge auf über 40.000. Im gleichen Zeitraum bildete das KZ Mittelbau mindestens 15 weitere Außenlager. Davon waren die meisten mit durchschnittlichen Belegungsstärken von einigen Dutzend bis maximal 100 Häftlingen sehr klein. Gerade diese kleinen Lager, die häufig inmitten der Ortschaften, etwa in Gasthäusern oder Scheunen, eingerichtet wurden, bewirkten jedoch ein immer stärkeres Eindringen des KZ-Systems in die deutsche Gesellschaft. Zugleich machen sie deutlich, dass die SS zunehmend von ihrer ursprünglichen Praxis abwich, Häftlinge aus Gründen der rationellen Bewachung nach Möglichkeit nur in großen Lagern unterzubringen.

Statt die Lagerinsassen täglich über zum Teil weite Strecken zu ihren Arbeitsstellen laufen zu lassen oder zu fahren, ging die SS im Herbst 1944 dazu über, Außenlager möglichst in der Nähe der Arbeitsstellen einzurichten, selbst wenn es sich dabei um Kleinstlager handelte. Diese Praxis erforderte jedoch eine relativ große Zahl von Bewachungskräften, weshalb einige Kleinstlager ausschließlich mit italienischen Kriegsgefangenen belegt wurden, die nach einer Anweisung der SS seit dem Sommer 1944 ohne Bewachung zur Arbeit geschickt werden konnten. Hintergrund dieser Anweisung war vermutlich politische Rücksichtnahme gegenüber der faschistischen Regierung in Norditalien. Neben den bereits erwähnten Lagern in Bleicherode, Quedlinburg und Trautenstein waren auch die erst im Januar 1945 gebildeten Lager in Wickerode und Ilsenburg ausschließlich mit italienischen Kriegsgefangenen belegt.

Die meisten Kleinstlager entstanden bei Zweigwerken der Mittelwerk GmbH. Zu ihnen gehörten die schon erwähnten Nebenlager Roßlas und Klein-Bodungens in Kelbra, Niedergebra und Bischofferode sowie ein Außenlager in Ilfeld, das

Anfang Januar 1945 mit einigen Dutzend Häftlingen eingerichtet wurde und Anfang April 1945 mit rund 250 Insassen belegt war. In direktem Zusammenhang mit der Raketenproduktion stand ein weiteres Lager in Artern (Deckname „Adorf“), das Mitte November 1944 mit der Verlagerung eines Zweigwerkes der Firma Gollnow und Sohn aus dem Ahrtal bei Koblenz (Werk „Rebstock“) eingerichtet wurde. Produziert wurden hier durch rund 350 KZ-Häftlinge die Bodenanlagen für die A4-Rakete. Weitere kleine Außenlager richtete die SS im Februar und März 1945 auch in Ballenstedt und wahrscheinlich in Tettenborn ein.

Nachdem Ende Oktober 1944 das zwei Monate zuvor gegründete und mit durchschnittlich 500 Häftlingen belegte Lager „Klosterwerke“ in Blankenburg dem KZ Mittelbau unterstellt worden war, kam mit dem Lager „Turmalin“ Anfang Februar 1945 noch ein weiteres Außenlager in Blankenburg hinzu. Die rund 400 überwiegend jüdischen Insassen des Lagers waren zuvor aus einem Außenlager des KZ Auschwitz in den Harz deportiert worden und sollten unter Regie der Organisation Todt (OT) Stollen für eine geplante Untertagefabrik des Magdeburger Rüstungsproduzenten Schäffer und Budenberg in den Sandsteinfelsen des Regensteins graben.

Ebenfalls unter Leitung der OT stand das Verlagerungsvorhaben Dachs IV bei Osterode-Petershütte. Mitte November 1944 richtete die SS hier ein KZ-Außenlager ein, dessen ebenfalls aus Auschwitz in den Harz deportierte Insassen untertage bei kräftezehrenden Schachtarbeiten eingesetzt wurden. Die Belegschaft des Lagers stieg bis März 1945 von anfangs 100 auf etwa 800 Häftlinge an.

Ein erst Mitte März 1945 eingerichtetes Außenlager in Groß-Werther unterschied sich in einer Hinsicht von allen anderen Mittelbau-Lagern – es war mit weiblichen Häftlingen belegt. Die rund 300 Frauen stammten aus einem Außenlager des KZ Groß-Rosen in Niederschlesien, dessen Insassen im Februar 1945, als sich von Osten die Rote Armee näherte, in das Innere des Reichsgebietes deportiert worden waren. Für die Frauen war der Aufenthalt in Groß-Werther nur vorübergehend, denn schon nach drei Wochen wurden sie erneut „evakuiert", diesmal in das KZ Mauthausen und von dort noch in dessen Außenlager Gunskirchen, in dem die letzten Überlebenden dieses Todesmarsches im Mai 1945 befreit wurden.

Das grauenvollste Außenlager des KZ Mittelbau richtete die SS Anfang Januar 1945 in leerstehenden Fahrzeughallen auf dem Gelände der am südöstlichen Stadtrand Nordhausens gelegenen Boelcke-Kaserne ein. Dort waren bereits seit dem Sommer 1944 rund 6000 ausländische Arbeitskräfte des Nordwerkes und einige Hundert Insassen eines Gestapo-Straflagers untergebracht; nun wurde der Lagerkomplex in der Kaserne durch ein KZ-Außenlager ergänzt. Eigentlich war das Lager

U.S. Holocaust Memorial Museum Washington

KZ-Außenlager Boelcke-Kaserne, April 1945.

als Unterkunft für die Häftlingskommandos vorgesehen, die beim Bauvorhaben B 11 bei Niedersachswerfen und in über 20 verschiedenen Nordhäuser Betrieben arbeiten mussten und bislang im Lager Dora untergebracht gewesen waren.

Als jedoch ab Ende Januar 1945 zahlreiche Transporte mit erschöpften, kranken und vielen bereits toten KZ-Häftlingen aus den aufgelösten Konzentrationslagern Auschwitz und Groß-Rosen im Südharz eintrafen und gleichzeitig auch die Krankenzahlen in den Mittelbau-Lagern drastisch anstiegen, funktionierte die SS-Verwaltung das Lager zum zentralen Kranken- und Sterbelager des Mittelbau-Komplexes um. Ende März 1945 war das Lager mit etwa 6000 Häftlingen belegt.

Die Fahrzeughallen waren für die Unterbringung tausender Sterbender und Kranker denkbar ungeeignet. Holzpritschen oder gar Betten gab es ebenso wenig wie die Möglichkeit, sich zu waschen. Ohne jegliche medizinische Versorgung ließ die SS die Lagerinsassen an ihren Krankheiten oder vor Hunger und Kälte zu Grunde gehen. Die meisten Häftlinge waren unfähig, die wenigen Latrinen aufzusuchen. Sterbend lagen sie in ihren Exkrementen auf dem kalten Betonboden. *„Die Boelcke-Kaserne wurde von den Häftlingen das lebende Krematorium genannt“*, berichtete ein deutscher Überlebender unmittelbar nach seiner Befreiung.[7] In den nur drei Monaten seiner Existenz starben in dem Lager etwa 3000 Menschen.

Beginnende Auflösung

Die Auflösungsphase des KZ Mittelbau begann bereits im Spätherbst 1944. Durch die Überfüllung der Außenlager, besonders aber durch den einsetzenden Winter verschlechterten sich die Lebensbedingungen in allen Lagern des KZ-Komplexes, was zu einem starken Anstieg der Todesrate führte. War diese nach dem Höchststand im März 1944 (750 Tote) im Sommer 1944 auf monatlich 100 bis 150 Tote abgesunken,

7 Bericht Georg Piper, 2.5.1945, Nürnberger Dokument PS-2222.

stieg sie ab November 1944 wieder stark an und erreichte im Dezember die Zahl von 570 offiziell von der SS registrierten Toten, davon fast 500 allein im Lager Ellrich-Juliushütte.

Ende 1944 begann die SS, die Insassen der Lager Auschwitz und Groß-Rosen vor der anrückenden Roten Armee in weiter westlich gelegene Konzentrationslager zu „evakuieren". Viele dieser Transporte gingen in das KZ Mittelbau – insgesamt wurden bis zu 16.000 Häftlinge aus Auschwitz und Groß-Rosen bis März 1945 dorthin verschleppt, darunter auch Frauen und Kinder. Das KZ Mittelbau wurde gewissermaßen zur Fortsetzung des KZ Auschwitz, denn mit den Insassen kamen auch rund 1000 SS-Angehörige aus Auschwitz in den Südharz, darunter der gesamte Auschwitzer Kommandanturstab. Neuer Kommandant und Nachfolger des in das Dachauer Außenlager Kaufering versetzten SS-Sturmbannführers Otto Förschner wurde der bisherige Kommandant des KZ Auschwitz, SS-Sturmbann-

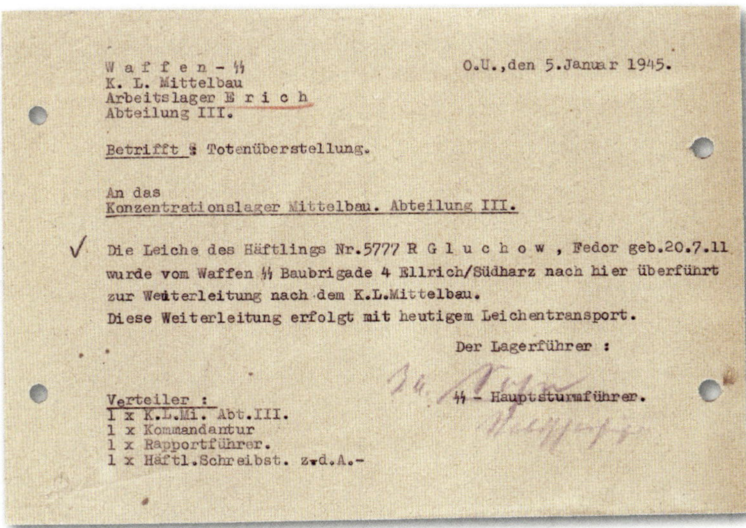

W a f f e n - SS
K. L. Mittelbau
Arbeitslager E r i c h
Abteilung III.

Betrifft : Totenüberstellung.

An das
Konzentrationslager Mittelbau. Abteilung III.

Die Leiche des Häftlings Nr.5777 R G l u c h o w , Fedor geb.20.7.11 wurde vom Waffen SS Baubrigade 4 Ellrich/Südharz nach hier überführt zur Weiterleitung nach dem K.L.Mittelbau.
Diese Weiterleitung erfolgt mit heutigem Leichentransport.

O.U., den 5.Januar 1945.

Der Lagerführer :
SS - Hauptsturmführer.

Verteiler :
1 x K.L.Mi. Abt.III.
1 x Kommandantur
1 x Rapportführer.
1 x Häftl.Schreibst. z.d.A.-

National Archives Washington

Schreiben der KZ-Verwaltung des Außenlagers Ellrich-Juliushütte betr. Leichenüberstellung, 5. Januar 1945.

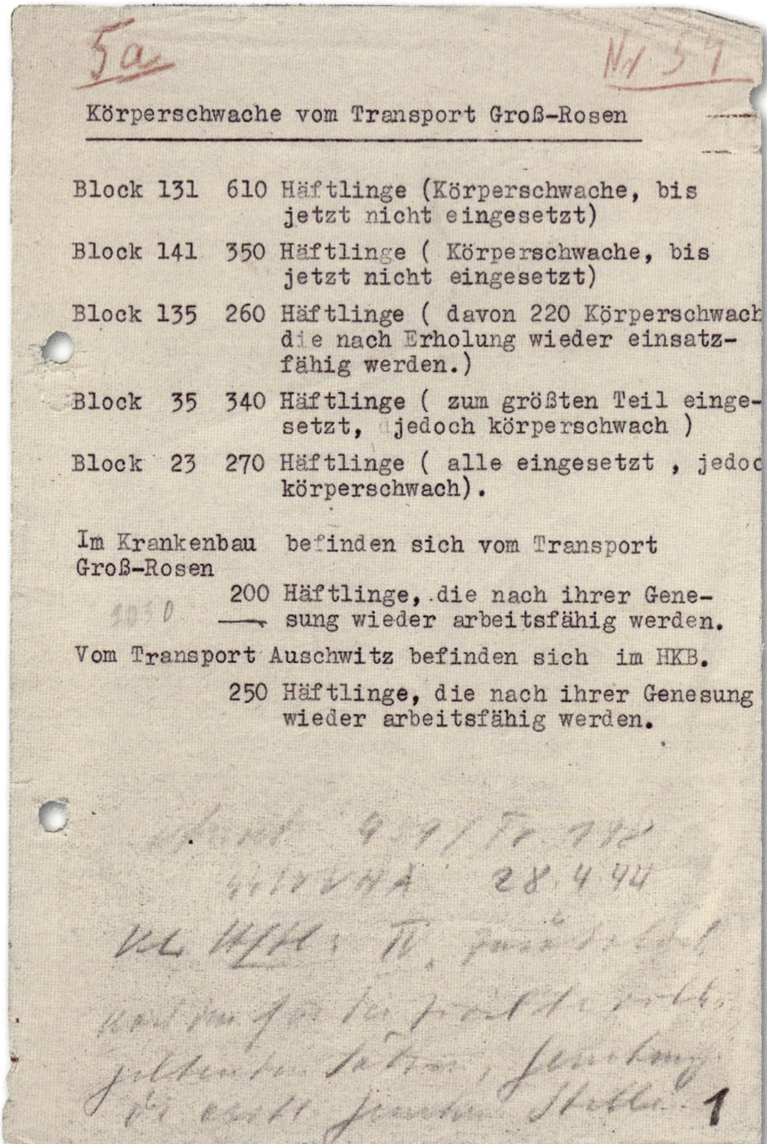

5a Nr 57

Körperschwache vom Transport Groß-Rosen

Block 131 610 Häftlinge (Körperschwache, bis jetzt nicht eingesetzt)

Block 141 350 Häftlinge (Körperschwache, bis jetzt nicht eingesetzt)

Block 135 260 Häftlinge (davon 220 Körperschwach die nach Erholung wieder einsatzfähig werden.)

Block 35 340 Häftlinge (zum größten Teil eingesetzt, jedoch körperschwach)

Block 23 270 Häftlinge (alle eingesetzt , jedoc körperschwach).

Im Krankenbau befinden sich vom Transport Groß-Rosen

200 Häftlinge, die nach ihrer Genesung wieder arbeitsfähig werden.

Vom Transport Auschwitz befinden sich im HKB.

250 Häftlinge, die nach ihrer Genesung wieder arbeitsfähig werden.

National Archives Washington

„Körperschwache vom Transport". Viele Häftlinge kamen vollkommen ausgezehrt in das KZ Mittelbau, nachdem die Konzentrationslager Auschwitz und Groß-Rosen geräumt worden waren.

führer Richard Baer. Er besetzte alle wichtigen Positionen in der Verwaltung des KZ Mittelbau mit Vertrauten aus Auschwitz und trug damit wesentlich zur abermaligen Verschärfung des SS-Terrors im Südharz bei.

Mit den Transporten aus Auschwitz und Groß-Rosen stieg auch die Zahl der jüdischen Häftlinge in den Mittelbau-Lagern. Die meisten von ihnen waren nach wochenlangen Eisenbahntransporten krank und völlig erschöpft, viele überlebten die Transporte nicht. Folge dieser Entwicklung war eine erneute drastische Zunahme der Sterblichkeit. Zwischen Januar und Anfang April 1945 starben in den Lagern des KZ Mittelbau über 6000 Häftlinge; weitere 2250 Sterbende wurden Anfang März 1945 in das KZ Bergen-Belsen überstellt. In den letzten Wochen vor der Auflösung reichten die Kapazitäten der Krematorien in den Lagern Dora und Ellrich-Juliushütte (letzteres ging erst im März 1945 in Betrieb) bei weitem nicht mehr aus, um alle Leichen zu verbrennen. Die SS ließ deshalb Scheiterhaufen aus Dachpappe und Bahnschwellen errichten, auf denen die Toten im Freien verbrannt wurden. In der klaren Winterluft war der Rauch weithin zu sehen.

Die Räumung der Mittelbau-Lager

Das Ende des KZ Mittelbau leiteten am 3. und 4. April 1945 zwei massive britische Luftangriffe ein, die in Nordhausen schwere Schäden anrichteten. Auch die Boelcke-Kaserne, deren Häftlingsunterkünfte nicht mit einem roten Kreuz als Krankenlager gekennzeichnet waren, erhielt einige Volltreffer. Als die Amerikaner eine Woche später in Nordhausen einrückten, zählten sie in der Kaserne über 1200 tote KZ-Häftlinge. Es lässt sich allerdings nicht mehr feststellen, wie viele von ihnen tatsächlich Opfer der Luftangriffe waren. Fotos, die amerikanische Militärberichterstatter in der Kaserne machten, zeigen die entstellten Leichen ausgemergelter und bis auf die Knochen abgemagerter Toter. Der größte Teil von ihnen dürfte nicht an den Folgen des Luftangriffs gestorben sein, sondern vor Hunger und Entkräftung.

Die Luftangriffe auf Nordhausen lösten die „Evakuierung“ der Mittelbau-Lager zwar nicht aus, beschleunigten sie aber erheblich. Die Räumung des Hauptlagers Dora begann am Abend des 3. April, als 4000 sowjetische Häftlinge per Bahn nach Bergen-Belsen gebracht wurden. Um den 4. April herum müssen auch die Lagerführer der anderen Mittelbau-Lager den Befehl zur Evakuierung erhalten haben. Die meisten Lager wurden am 4. und 5. April geräumt. Es wiederholte sich nun, was die Häftlinge aus Auschwitz und Groß-Rosen bereits im Januar und Februar 1945 hatten erleiden müssen: In aller Eile und mit großer Brutalität trieben die Wachmannschaften die Lagerinsassen in herbeigeschaffte Güter- und Viehwaggons. Mehrere mit Tausenden von Häftlingen beladene Züge verließen bis zum 6. April 1945 den Südharz in Richtung Bergen-Belsen, Sachsenhausen und Ravensbrück. Daneben schleppten sich viele Kolonnen erschöpfter Häftlinge, angetrieben von den Wachmannschaften, zu Fuß durch den Harz in Richtung Nord-

National Archives Washington

Boelcke-Kaserne, 11. April 1945.

osten. Wer auf den Gewaltmärschen nicht mithalten konnte, wurde von den Wachmannschaften erschossen. Insbesondere in der Gegend nördlich von Magdeburg kam es Mitte April 1945 wiederholt zu Massakern an Häftlingen, deren Todesmärsche in der Gegend „gestrandet“ waren. Das brutalste Massaker begangen SS-Angehörige, Wehrmachtssoldaten sowie Angehörige von Volkssturm und Hitlerjugend am 13. April 1945, wenige Stunden vor Eintreffen amerikanischer Soldaten, in der Isenschnibber Feldscheune bei Gardelegen. In der in Brand gesetzten Scheune starben über 1000 Häftlinge aus dem KZ Mittelbau und aus Hannoveraner Außenlagern des KZ Neuengamme.

Mehr als die Hälfte der aus dem KZ Mittelbau „Evakuierten“ gelangte in das KZ Bergen-Belsen. Wegen Überfüllung des Lagers wurden die meisten Mittelbau-Häftlinge jedoch nicht im eigentlichen KZ Bergen-Belsen untergebracht, sondern im „Kasernenlager“, das bis zu seiner Befreiung durch britische Streitkräfte am 15./16. April 1945 ausschließlich mit Mittelbau-Häftlingen belegt war und somit eher als örtlich ver-

National Archives Washington

Amerikanische Soldaten finden verkohlte Leichen in der Isenschnibber Feldscheune bei Gardelegen, 14.4.1945.

lagertes KZ Mittelbau denn als Teil des KZ Bergen-Belsen gelten kann. Hunderte Häftlinge starben dort. Vermutlich einige Dutzend ehemalige Funktionshäftlinge wurden zudem Opfer von Lynchjustiz. Sie wurden auf dem „Kleinen Friedhof“ und dem Zelttheaterfriedhof bestattet. Die Überreste von 64 Leichen entdeckten Bauarbeiter 1982 beim Bau einer Sporthalle in der Kaserne – in unmittelbarer Nachbarschaft des ehemaligen KZ-Lazaretts in Gebäude M.B. (Mannschaftsblock) 90.

Die meisten Lager des KZ Mittelbau wurden vollständig geräumt. Lediglich im Lager Dora und in der Boelcke-Kaserne ließ die SS einige Hundert Kranke und Sterbende zurück, die am 11. April 1945 von Soldaten der US-Armee befreit wurden. Die wenigen verfügbaren Informationen deuten außerdem darauf hin, dass auch die ausschließlich mit italienischen Militärinternierten belegten Lager nicht geräumt wurden. Ihre Insassen dürften nach der Flucht der Wachmannschaften von den Amerikanern befreit worden sein.

Gedenkstätte Bergen-Belsen, Sammlung Robinson

Deutsche Militärangehörige bringen auf Anweisung der britischen Befreier verletzte KZ-Häftlinge in den „Krankenblock“ M.B. 90 im befreiten Kasernenlager Bergen-Belsen, 16. April 1945.

Zwangsarbeit und Tod

Bau- und Produktionskommandos

Für die Überlebenschancen der Mittelbau-Häftlinge war es entscheidend, welche Arbeit sie leisten mussten. Am kräftezehrendsten waren generell die Baukommandos. Hier waren die Überlebenschancen am geringsten. *„Kümmern Sie sich nicht um die menschlichen Opfer. Die Arbeit muß vonstatten gehen, und das in möglichst kurzer Zeit“*, soll Kammler seine Untergebenen im KZ Mittelbau angewiesen haben. Mit aller Hast trieben die SS-Führungsstäbe und die beteiligten Baufirmen die Häftlinge zur Arbeit an. Termine sollten eingehalten werden. Die Schwerstarbeit führte schnell zur vollständigen Entkräftung der Häftlinge. Dazu kamen lange An- und Abmarschwege, die häufig zu Fuß bewältigt werden mussten, lange Appelle, widrige Wetterbedingungen, die Kälte im Stollen, mangelhafte Sicherheitsvorkehrungen, unzureichende Kleidung und Ernährung, mangelndes Arbeitsgerät und nicht zuletzt die Schikanen und Misshandlungen durch SS, Kapos und zivile Vorarbeiter.

Am meisten gefürchtet waren unter den Häftlingen die Stollenbaukommandos. Ohne ausreichenden Sicherheitsabstand waren die Zwangsarbeiter den Druckwellen der Sprengungen ausgesetzt. Da auf Sicherheitsmaßnahmen verzichtet wurde, schwebten sie ständig in der Gefahr, durch herabfallende Gesteinsmassen verletzt oder getötet zu werden. Der Staub in den Stollen laugte die Körper der Häftlinge aus. Trinkwasser, das die Not ansatzweise hätte lindern können, wurde ihnen verweigert. Viele Häftlinge litten unter Lungenkrankheiten; Tuberkulose gehörte zu den verbreitetsten Todesursachen. Die meisten Kranken hatten nicht die geringste Chance, geheilt zu werden, genügte doch schon die kleinste Schürfwunde, das Leben der völlig erschöpften und abgemagerten Häftlinge ernsthaft zu gefährden. Die unzureichende Kleidung förderte den Schwächungsprozess: Häftlinge aus den Lagern Ellrich und Harzungen mussten auf dem spitzen und kantigen Untergrund in den Stollen teilweise barfuß Schwerstarbeiten verrichten. Die Folge waren Schnitt- und Schürfwunden mit Entzündungen, die angesichts der katastrophalen hygienischen Bedingungen nicht mehr abheilen konnten.

Häftlingsberichten zufolge führte die Arbeit im Stollen je nach Konstitution spätestens nach vier bis acht Wochen zur völligen Erschöpfung. Für die Häftlinge bedeutete das, unter allen Umständen versuchen zu müssen, der Arbeit im Stollen zu entgehen und in ein „besseres" Kommando außerhalb des Stollens, möglicherweise sogar in die begehrten Produktions- oder Lagerwirtschafts-Kommandos, zu gelangen. Wer Beziehungen zum Krankenrevier hatte, konnte versuchen, dort eine Weile Unterschlupf zu finden und sich etwas zu erholen. Die offizielle „Schonung" stellte dagegen keine Alternative dar, denn sie diente weniger der Genesung als vielmehr dem systematischen Verhungernlassen der „Arbeitsunfähigen". Für diejenigen Häftlinge aber, die weder über Beziehungen zu Funktionshäftlingen in den Krankenrevieren oder in der Arbeitsstatistik verfügten, noch als Facharbeiter Aussicht darauf haben konnten, einem Produktionskommando zugewiesen zu werden, bedeutete die Arbeit im Stollen praktisch das Todesurteil. In ihrer Verzweiflung sahen nicht wenige als einzigen Ausweg den Selbstmord, etwa indem sie in den elektrisch geladenen Lagerzaun liefen.

Kaum besser als im Stollen waren die Arbeitsbedingungen auf den Baustellen im Freien, zum Beispiel beim Bau der Helmetalbahn. Zwar hatten die Häftlinge dort nicht mit dem unerträglichen Staub zu kämpfen, der im Stollen herrschte, dafür waren sie aber ganzjährig den Witterungseinflüssen ausgesetzt, d.h. im Sommer hatten sie bei größter Hitze ebenso Schwerstarbeit zu verrichten wie im Winter, wenn Schnee, Kälte und der tiefgründig gefrorene Boden Bauarbeiten eigentlich nicht zuließen.

KZ-Gedenkstätte Mittelbau-Dora, Original im Besitz des Künstlers

„Der Tunnel". Aquarellzeichnung des ehemaligen Häftlings Maurice de la Pintière, um 1946.

Allgemein besser als in den Baukommandos waren die Überlebenschancen in Produktionskommandos. Am Beginn eines Einsatzes in der Produktion stand oft eine – gemessen an der rücksichtslosen Antreiberei auf den Baustellen – zeitaufwendige Anlernphase. Das galt besonders für die als Facharbeiter gemusterten Häftlinge. Um ein Mindestmaß an Arbeitseffektivität aufrechtzuerhalten, waren die Betriebe und das Aufsichtspersonal gezwungen, „schonender" mit den Häftlingen bzw. deren Arbeitskraft umzugehen. Das bedeutete nicht nur ein Nachlassen des Terrors von SS, Kapos und zivilen Vorarbeitern, sondern unter anderem auch bessere Kleidung und Verpflegung sowie kürzere Anmarschwege. Aber auch die Arbeit selbst erschöpfte die Häftlinge in Produktionskommandos nicht in dem Maße wie auf den Baustellen: Einem Produktionskommando zugewiesen zu werden, bedeutete zunächst einmal, an einem relativ warmen und trockenen Ort zu arbeiten. Gegenüber einem Häftling, der in der Kälte Steine oder zentnerschwere Zementsäcke schleppen musste, bedeutete allein das schon einen wesentlichen Vorteil. Daneben war die Arbeit an der Maschine körperlich meist weniger erschöpfend. Eine Ausnahme bildeten die gefürchteten Transportkommandos im Mittelwerk. Jeweils sechs bis acht Häftlinge wurden gezwungen, die schweren Halbschalen der A4-Rakete über den Köpfen tragend zu transportieren – eine Schinderei, der viele zum Opfer fielen.

Zwangsarbeit geht fast immer einher mit der Anwendung körperlicher Gewalt. Insbesondere in den Baukommandos gehörten Antreiberei und Schläge zum Arbeitsalltag der Häftlinge. Der kleinste Anlass genügte, um von SS-Angehörigen oder Kapos brutal geschlagen zu werden. Möglichst nicht aufzufallen, war deshalb eine der wichtigsten Regeln im Lager, die das Überleben sichern konnte. Eine andere war: Langsam arbeiten, um die Kräfte zu schonen. Beides zusammen bedeutete, möglichst Arbeit vorzutäuschen, wenn SS-Leute oder zivile Vorarbeiter hinsahen. Aber trotz aller Vorsicht gelang es den Häftlingen häufig nicht, der willkürlichen Misshandlung durch

SS-Angehörige oder Kapos zu entgehen. Gerade erschöpfte und vom nahenden Tod gezeichnete Häftlinge wurden immer wieder Opfer von Schlägen und Schikanen.

Bezahlung der Zwangsarbeit

Unter den geschilderten Umständen war an „normale" Arbeitsleistungen der Häftlinge nicht zu denken, weder in der Produktion noch in den Baukommandos. Allgemein gingen die Firmen, die Häftlinge beschäftigten, davon aus, dass die Häftlinge mindestens die Hälfte weniger leisten konnten als deutsche Zivilbeschäftigte. Diese „Minderleistung" wurde bei der Berechnung der Tages-„Miete" bereits mit eingerechnet, die für jeden Häftling von den Firmen an die SS zu entrichten war. Für „Facharbeiter" zahlten die Firmen ein Tagesentgelt von 6 RM, als Hilfsarbeiter eingestufte Häftlinge kosteten 4 RM pro Tag. Die nicht unbeträchtlichen Einnahmen, die der SS auf diese Weise entstanden, musste sie als staatliche Institution an den Reichshaushalt abführen. Manche Gelder wanderten aber auch in die Privatschatullen von SS-Angehörigen, die KZ-Insassen „privat" an Bauern oder Haushalte in der Umgebung der Lager vermieteten. Die Häftlinge sahen von den Tagesentgelten generell keinen Pfennig.

Die Höhe des Tagesentgeltes war unabhängig von der Dauer der Arbeitsschicht. Allein schon aus diesem Grund achteten viele Firmen darauf, dass sie ihre Häftlinge möglichst in zwölfstündigen Schichten arbeiten ließen. Bei stundenlangen An- und Abmarschwegen zu den Arbeitsstellen und zeitraubenden Appellen in den Lagern bedeutete das, dass den Häftlingen nur sehr wenig Zeit zur Erholung blieb. Im Lager Ellrich-Juliushütte etwa war die Nachtruhe nach SS-Angaben vom Sommer 1944 spätestens nach 4¾ Stunden vorbei. Allein der chronische Schlafentzug führte folglich schnell zur vollständigen Erschöpfung. Dramatisch wirkte sich für die Häftlinge zudem die Regelung aus, dass die Firmen der SS das Entgelt nur für arbeitsfähige Häftlinge zu entrichten hatten. Wenn Häftlinge erkrankten oder ihre Arbeitsfähigkeit infolge des Hungers nachließ, drängten die Firmen die SS, die nicht mehr Arbeitsfähigen gegen „frische“ Häftlinge auszutauschen. Was mit den ausgesonderten Kranken und Sterbenden in den Krankenblocks oder in Siechenlagern wie Majdanek oder Bergen-Belsen geschah, kümmerte die Firmenleitungen nicht.

Hinrichtungen

Die meisten Todesfälle im KZ Mittelbau-Dora waren eine Folge der mörderischen Zwangsarbeit, unzureichender hygienischer Bedingungen und mangelhafter Ernährung. Gerade gegen Ende wurden jedoch auch viele Häftlinge Opfer von Misshandlungen und Morden. Eine unbekannte Zahl von Häftlingen starb nach Folterungen und Verhören im Arrestzellenbau („Bunker“) des Lagers Dora, in dessen Hof eigens eine Hinrichtungsstelle eingerichtet wurde, in der SS und Gestapo in aller Heimlichkeit Häftlinge ermordeten, deren Tod im Lager offenbar nicht bekannt werden sollte. Zu den hier Hingerichteten gehörten die beiden zeitweiligen kommunistischen Lagerältesten Georg Thomas und Ludwig Symczak, die sich im Frühjahr 1944 geweigert hatten, einen russischen Mithäftling zu erhängen. Unmittelbar vor der Räumung des Lagers Dora wurden sie am 4. April 1945 gemeinsam mit fünf weiteren deutschen „prominenten“ politischen Häftlingen und einem Russen von Gestapo-Angehörigen erschossen.

Vor der Fertigstellung des Bunkers nutzte die SS für heimliche Hinrichtungen einen Steinbruch unterhalb des Krematoriums. Hier erschossen SS-Angehörige Mitte Dezember 1943, nur wenige Tage nach der Inspektionsreise Albert Speers, sieben italienische Kriegsgefangene, die sich unter Berufung auf die Genfer Konvention geweigert haben sollen, in der Rüstungsproduktion zu arbeiten.

Weitaus häufiger als die heimlichen Hinrichtungen waren öffentliche Erhängungen auf dem Appellplatz, bei denen zur Abschreckung und Disziplinierung die gesamte Lagerbelegschaft antreten musste. Die meisten Opfer dieser öffentlichen Hinrichtungen waren sowjetische Häftlinge, denen SS und Gestapo Sabotage und Widerstand vorwarfen. Allein zwischen November 1944 und März 1945 wurden über 200 Häftlinge erhängt oder erschossen. Im März 1945 nahmen die Hinrichtungen apokalyptische Dimensionen an – an einigen Tagen wurden über 30, an einem Tag sogar über 50 Häftlinge auf einmal erhängt. In einigen Fällen erfolgten die Hinrichtungen nicht auf dem Appellplatz des Lagers Dora, sondern an den Arbeitsstellen, also auf den Baustellen und in den Stollen des Mittelwerkes. Bei diesen Hinrichtungen mussten sich nicht nur die Mithäftlinge das grausige Schauspiel ansehen, sondern auch die deutschen Zivilbeschäftigten.

Etwa 60.000 Häftlinge wurden von August 1943 bis März 1945 in die Mittelbau-Lager verschleppt. Die Gesamtzahl der Toten lässt sich nicht mehr genau ermitteln. Etwa 12.000 Tote wurden offiziell in den SS-Akten vermerkt. Hinzu kommen eine unbekannte Zahl nicht registrierter, in den Mittelbau-Lagern verstorbener und ermordeter Häftlinge, etwa 1200 Tote, die von den Amerikanern aus der Boelcke-Kaserne geborgen wurden, über 5000 Sterbende, die Anfang 1944 und im März 1945 in Vernichtungstransporten nach Lublin und Bergen-Belsen geschickt wurden und eine unbekannte Zahl von Häftlingen, welche die Todesmärsche nach der Räumung der Mittelbau-Lager im April 1945 nicht überlebten. Insgesamt kann damit bei vorsichtiger Schätzung davon ausgegangen werden, dass mindestens 20.000 Häftlinge die Deportation in das KZ Mittelbau-Dora nicht überlebt haben. Etwa zwei Drittel von ihnen starben in den Außenlagern.

Die Häftlinge

Hierarchien

Die Lagerbelegschaften setzten sich in den Mittelbau-Lagern – wie in den meisten anderen Konzentrationslagern – nicht homogen zusammen, weder nach Herkunft noch nach Einweisungsgrund. Für die SS war dies Herrschaftsprinzip. *„Die Schöpfer der Konzentrationslager haben gerade in diesem Punkt ihr Talent eindeutig bewiesen und es durch Organisation, Kadereinsatz, das Zusammenwürfeln aller Kategorien von Häftlingen geschafft, uns untereinander zu verfeinden"*, schrieb der französische Geistliche Aimée Bonifas nach seiner Befreiung aus dem KZ Mittelbau.[8] Der NS-Rassenideologie folgend war der Aufbau der Lagergesellschaft streng hierarchisch. An der Spitze standen deutsche nichtjüdische Häftlinge, gefolgt von Nord- und Westeuropäern sowie Tschechen. Am Ende der Hierarchie standen sowjetische Häftlinge, Juden sowie Sinti und Roma. Sie hatten am stärksten unter Misshandlungen zu leiden und standen unter einem hohen Vernichtungsdruck. Neben der Herkunft unterschied die SS die Lagerinsassen auch nach dem Einweisungsgrund und zwang sie, verschiedenfarbige Winkel auf der Häftlingskleidung zu tragen. Aus politischen Gründen Inhaftierte trugen einen roten Winkel. Gerade unter den Deutschen gab es aber auch viele, die nach Verbüßung einer Gefängnisstrafe als gewöhnliche „Kriminelle" ins KZ kamen. Als „Berufsverbrecher" oder „Sicherungsverwahrte" trugen sie einen grünen Winkel. Einen schwarzen Winkel hatten sogenannte „Asoziale" zu tragen: Menschen, die von den Arbeitsämtern als „arbeitsscheu" gemeldet worden waren oder aufgrund ihres Lebensstils nicht in die NS-„Volksgemeinschaft" zu passen schienen. Sinti und Roma trugen braune Winkel. Schließlich gab es noch den rosa Winkel der

8 Aimée Bonifas, Häftling 20801, Berlin (Ost), S. 213f.

als homosexuell in das KZ Eingewiesenen. Jüdische Häftlinge trugen meistens neben dem roten Winkel der politischen Häftlinge einen überlappenden gelben Winkel. Beide zusammen ergaben einen sechswinkligen Davidstern.

KZ-Gedenkstätte Mittelbau-Dora

Winkel und Häftlingsnummer des ehemaligen Häftlings George Jouanin, um 1944.

Die Lagerinsassen kamen aus nahezu allen europäischen Ländern. Jeweils rund ein Drittel der Belegschaft stellten Gefangene aus Polen und der Sowjetunion, gefolgt von Franzosen mit rund 15 sowie Deutschen und Belgiern mit jeweils rund sechs Prozent. Größere Gruppen kamen ferner aus Ungarn (fast ausschließlich handelte es sich dabei um Juden), Tschechien, Italien, Jugoslawien und den Niederlanden. Jeder nichtdeutsche Häftling hatte das Kürzel seiner Nationalität auf dem Winkel zu tragen. Ein aus politischen Gründen inhaftierter Franzose etwa trug ein „F" auf einem roten Winkel; darüber war auf einem Stofffetzen seine Häftlingsnummer angebracht.

Durch die Hierarchisierung und die gezielte Unterversorgung der Lager stachelte die SS unter den Häftlingen Rivalitäten an. Gruppenübergreifende Solidarität, die die Grundlage für gemeinsamen Widerstand gebildet hätte, wurde so meist im Keim erstickt. Stattdessen herrschte in den Mittelbau-Lagern ein Kampf um Leben und Tod.

KZ-Gedenkstätte Mittelbau-Dora

Jacke und Mütze von George Jouanin, Hose eines unbekannten Häftlings des KZ Mittelbau-Dora, um 1944.

System der Funktionshäftlinge

Zur Rivalität unter den Häftlingen trug das System der Funktionshäftlinge bei, also die Übergabe bestimmter Verwaltungs- und Überwachungsfunktionen an einzelne Häftlinge, die dafür mit Privilegien ausgestattet wurden. Zu den Funktionshäftlingen gehörten etwa die Lager- und Blockältesten, die Kapos und Vorarbeiter in den Arbeitskommandos und die Schreiber in der Lager- und Arbeitsverwaltung. Der SS erlaubte das System der Funktionshäftlinge, die Lagerverwaltung relativ personalsparend zu organisieren. Außerdem, und das ist für die innere Struktur der Lagergesellschaften entscheidend, gelang es der SS damit, die Lagerbelegschaft zu spalten, denn mit der Übergabe der Verantwortung an ausgesuchte Häftlinge wurde immer auch Schuld delegiert. Funktionshäftlinge waren in den Augen vieler ihrer Mitgefangenen korrumpiert, selbst wenn sie ihre von der SS abhängige Macht nutzten, um möglichst vielen zu helfen. Und tatsächlich trug ein Funktionshäftling ja auch dazu bei, das System Konzentrationslager funktionsfähig zu erhalten. Der Grundwiderspruch zwischen Kollaboration mit der SS einerseits und Solidarität mit der Masse der namenlosen Gefangenen andererseits war nicht auflösbar. Allerdings verbieten sich vorschnelle Urteile. Im KZ waren sämtliche moralische und ethische Normen außer Kraft gesetzt. Das Verhalten von Funktionshäftlingen kann daher nach heutigen moralischen Maßstäben nicht beurteilt und schon gar nicht verurteilt werden.

Herkunft und Einweisungsgründe

Im Laufe des Krieges wurden immer mehr Menschen unter ständig neuen Vorwänden in die Konzentrationslager eingewiesen. Je näher das Kriegsende rückte, desto mehr nahm der Einweisungsdruck insbesondere gegenüber der nichtdeutschen Bevölkerung zu. Den weitaus größten Anteil der

Insassen des KZ Mittelbau-Dora stellten Häftlinge aus der Sowjetunion (von der SS wurden sie sämtlich als „Russen" bezeichnet, auch wenn es etwa Ukrainer waren) sowie Polen und Franzosen, die wegen Widerstandes oder wegen Arbeitsvergehen in das KZ eingewiesen worden waren. Die Franzosen gelangten vor allem in den ersten Monaten und noch einmal verstärkt nach der Invasion in der Normandie in das KZ Mittelbau-Dora, als die Gefängnisse und Lager in Frankreich von der abziehenden deutschen Besatzungsverwaltung geräumt und ihre Insassen in die Konzentrationslager im Reichsgebiet deportiert wurden. Ähnlich verhielt es sich mit den polnischen Häftlingen, bei denen die Transporte in das KZ Buchenwald und von dort nach Mittelbau-Dora nach der Niederschlagung des Warschauer Aufstandes im Spätsommer 1944 einen zahlenmäßigen Höhepunkt erreichten.

Deutsche Häftlinge, in der Mehrzahl als „kriminell" Eingestufte, aber auch einige Hundert politische Gefangene sowie als „homosexuell" Kategorisierte, stellten in jeder Phase der Lagergeschichte eine zahlenmäßig unbedeutende Häftlingsgruppe dar. Aufgrund ihrer Sprachkenntnisse und der rassistischen Hierarchisierung der Häftlingsgesellschaft durch die SS wurden sie jedoch bevorzugt zu Funktionshäftlingen ernannt. Alle wichtigen Posten im System der Funktionshäftlinge waren in den Mittelbau-Lagern durch Deutsche besetzt.

Bei den genannten Häftlingen aus der Sowjetunion, Polen, Frankreich und Deutschland handelte es sich fast ausnahmslos um nichtjüdische Häftlinge. Anfangs gab es in Mittelbau-Dora überhaupt keine jüdischen Häftlinge. Das änderte sich jedoch Ende Mai 1944, als 1000 ungarische Juden im Lager Dora eintrafen, darunter viele Kinder und Jugendliche. Die meisten von ihnen wurden sofort in das „Bau-Lager" Ellrich-Juliushütte weitergeleitet, wo viele infolge der mörderischen Arbeitsbedingungen einen qualvollen Tod starben. Erst Ende September 1944 gelangte der nächste Transport mit jüdischen Häftlingen in das Lager Dora; es handelte sich dabei um 300 ungarische Juden, die bereits in anderen Lagern für den Volkswagen-

Konzern als „Facharbeiter“ in der V1-Produktion hatten arbeiten müssen. Auch in Dora setzte man sie geschlossen als Zwangsarbeiter für die V1-Produktion ein.

Insgesamt blieben Juden trotz dieser beiden Transporte bis Ende 1944 in den Mittelbau-Lagern in der absoluten Minderheit. Das änderte sich ab Januar 1945, als im Zuge der Räumung der im Osten gelegenen Zwangsarbeits- und Konzentrationslager einige Tausend Juden in das KZ Mittelbau „evakuiert“ wurden, so allein aus Tschenstochau über 1000 Häftlinge (die meisten Häftlinge dieses Transportes gelangten in die Lager Rottleberode und Stempeda, wo viele von ihnen durch SS-Personal und Kapos ermordet wurden oder an den Folgen der Zwangsarbeit in den Stollen des Bauvorhabens B 4 starben). Im Lager Harzungen stieg der Anteil der jüdischen Häftlinge bis Anfang April 1945 auf knapp zehn Prozent.

Harzungen und Ellrich-Juliushütte waren auch die Lager mit dem vergleichsweise höchsten Anteil von Sinti und Roma, die ähnlich wie ihre jüdischen Mithäftlinge innerhalb des Mittelbau-Komplexes von der SS bevorzugt diesen beiden berüchtigten „Bau-Lagern“ zugewiesen wurden. Größere Transporte mit Sinti und Roma (insgesamt etwa 800 Häftlinge) trafen Mitte April 1944 und Mitte Mai 1944 aus Auschwitz über Buchenwald in den beiden Lagern ein. Einige Hundert weitere Roma und Sinti deportierte die SS im August 1944 nach der Auflösung des „Familienlagers“ in Auschwitz-Birkenau und der Ermordung der meisten seiner Insassen in die Mittelbau-Lager. In Harzungen stieg der Anteil der Roma und Sinti an der Lagerbelegschaft damit bis zum Herbst 1944 auf fast elf Prozent.

Im Unterschied zu den meisten anderen Konzentrationslagern war das KZ Mittelbau-Dora fast ausschließlich mit Männern belegt. Weibliche Häftlinge gab es erst am Ende, und das nur in wenigen Fällen: Ende Januar erreichte ein Räumungstransport mit 500 überwiegend jüdischen Frauen aus Auschwitz das Lager Dora. Unter ihnen befand sich die spätere Vorsitzende des Europaparlamentes Simone Veil (1927-2017).

KZ-Gedenkstätte Mittelbau-Dora

Befreites Kind in der Boelcke-Kaserne in Nordhausen, April 1945.

Nach einigen Tagen Aufenthalt wurde der Transport in das KZ Bergen-Belsen weitergeleitet – mit Ausnahme von zehn nichtjüdischen Frauen, die zur Arbeit im Lagerbordell gezwungen wurden. Anfang März 1945 überstellte die SS einige Zeuginnen Jehovas nach Dora. Mitte März 1945 brachte die SS in zwei Gaststätten in Groß-Werther 285 jüdische Frauen und Mädchen aus dem geräumten Auschwitzer Außenlager Hindenburg unter. Unter ihnen befand sich die junge Lilli Zelmanovic (später Lilli Jacob), die in das Krankenrevier des Lagers Dora verlegt wurde und dort nach der Befreiung am 11. April 1945 das berüchtigte Auschwitz-Album fand, in dem die SS im Frühjahr und Sommer 1944 die Abkunft und Ermordung ungarischer Juden dokumentiert hatte.

Das Hauptprodukt des Mittelbau-Projektes war der Tod. Unter den mörderischen Bedingungen, insbesondere auf den Baustellen, litten (fast) alle Inhaftierten gleichermaßen, seien es Juden, Sinti und Roma oder französische Häftlinge. Damit glichen sich die Todesraten in der SS-Perspektive „höherwertiger" Häftlingsgruppen denen jener Gruppen an, die am Ende der rassistischen Stufenleiter standen. Folge davon war, dass die Todesrate unter den französischen und belgischen Häftlingen, von denen besonders viele in die gefürchteten „Baulager" wie Ellrich-Juliushütte deportiert wurden, katastrophale Ausmaße erreichte. Im Dezember 1944 waren fast 40 Prozent aller Toten des KZ Mittelbau-Dora nichtjüdische Franzosen und Belgier.

Widerstand und Selbstbehauptung

Widerstand hatte im KZ viele Facetten. Er konnte passiv sein und die Selbstbehauptung des einzelnen Gefangenen zum Ziel haben, er konnte aber auch den aktiven Kampf gegen die SS bedeuten. Für die Bewertung des Widerstandes im KZ sind andere Maßstäbe anzulegen als für solche außerhalb der Lagerzäune. Die KZ-Haft diente der totalen Zerstörung der Persönlichkeit und letztlich auch des Lebens. Vor diesem Hintergrund kann allein schon der Wille zum Überleben als Akt des Widerstandes bezeichnet werden.

Auf sich allein gestellt war es einem Häftling kaum möglich, aktiv gegen die SS zu kämpfen, sieht man einmal von spontanen Sabotageversuchen in der Raketenproduktion ab. Voraussetzung für organisierten Widerstand war es, möglichst Positionen innerhalb des Systems der Funktionshäftlinge einzunehmen, um auf die Lagerleitung Einfluss nehmen und zumindest die Mitglieder der eigenen Gruppe schützen zu können.

In den Lagern, in denen die politischen Häftlinge im System der Funktionshäftlinge die Vorherrschaft gewinnen konnten (z.B. in Harzungen und zeitweise auch im Lager Dora), waren die Voraussetzungen für Widerstand am besten. Es bildeten sich kleinere Gruppen, deren Mitglieder meistens aus dem gleichen Land kamen oder der gleichen Haftkategorie angehörten. Das hatte seinen Grund nicht nur in den sprachlichen Verständigungsschwierigkeiten, sondern auch im Misstrauen, das von der SS zwischen den einzelnen Häftlingsgruppen gesät worden war.

Verschiedene nationale Gruppen, vor allem sowjetische Häftlinge, planten für den Fall des Herannahens der alliierten Truppen die Selbstbefreiung. Außerdem versuchten sie die Raketenproduktion im Mittelwerk organisiert zu sabotieren. Den meisten Widerstandsaktivitäten wurde jedoch im Herbst 1944 ein Ende gesetzt, als SS und Gestapo nach dem Einsatz von Spitzeln Hunderte von überwiegend sowjetischen Häftlingen in das Lagergefängnis brachten und nach brutalen Folterungen rund 200 von ihnen hinrichteten. Als sich Anfang April 1945 von Westen her die amerikanischen Streitkräfte näherten, konnten die wenigen Überlebenden nicht mehr verhindern, dass die Insassen der Mittelbau-Lager von der SS und bewaffneten deutschen Mithäftlingen, vor allem solchen mit dem grünen Winkel der „Kriminellen“, auf die berüchtigten Todesmärsche getrieben wurden.

Jenseits des aktiven Widerstandskampfes trugen auch kulturelle Aktivitäten wesentlich zur Stärkung des Selbstbehauptungswillens bei. Man sang zusammen oder betätigte sich künstlerisch oder handwerklich – sofern man die Zeit und die Kraft dafür hatte. Manchmal hatte das auch materielle Vorteile, etwa wenn es gelang, Zeichnungen nach draußen zu schmuggeln und bei Zivilarbeitern oder Einheimischen gegen Lebensmittel einzutauschen. Eine ganz wesentliche Bedeutung hatte ferner die Religionsausübung. Heimlich abgehaltene Gottesdienste wurden auch von nicht beteiligten Häftlingen als Akt der Selbstbehauptung wahrgenommen.

KZ-Gedenkstätte Mittelbau-Dora, Peter Hansen

Aschenputtel. Gipsfresko, das der Franzose Georges Sanchidrian 1944 in einem Gebäude des Außenlagers Ellrich-Juliushütte anbrachte. Sanchidrian starb im April 1945 auf dem Todesmarsch in das KZ Sachsenhausen.

Täter/innen und Zuschauer/innen

Die Leitungsstruktur des KZ Mittelbau

Die für den inneren Betrieb des Konzentrationslagers zuständigen SS-Angehörigen gehörten im KZ Mittelbau wie in allen anderen Konzentrationslagern organisatorisch nicht zum gleichen SS-Verband wie die Wachmannschaften. Gleichwohl unterstanden alle SS-Angehörigen eines Standortes dem Kommandanten. Die Lager-SS, die sich aus maximal 15 Prozent aller Angehörigen eines SS-Standortes zusammensetzte, unterstand direkt dem Kommandanten und setzte sich aus sechs Abteilungen zusammen:

I. Kommandantur
II. Politische Abteilung
III. Schutzhaftlager
IV. Verwaltung
V. Lagerarzt
VI. Fürsorge und Schulung der SS-Truppe

Kommandant des KZ Mittelbau war bis Ende Januar 1945 SS-Sturmbannführer Otto Förschner, danach SS-Sturmbannführer Richard Baer, der zuvor Kommandant des nunmehr aufgelösten KZ Auschwitz gewesen war.

KZ-Gedenkstätte Mittelbau-Dora

Richard Baer, um 1941.

Die politische Abteilung war die Lager-Dependance der Gestapo. Hier wurde die Häftlingskartei geführt. Außerdem vernahmen und folterten die Gestapo-Beamten Häftlinge, denen Widerstand oder Vergehen gegen die Lagerordnung vorgeworfen wurden. Zu diesem Zweck verfügten sie über einen eigenen Vernehmungsraum im „Bunker".

Personell wesentlich stärker besetzt als die Politische Abteilung war die Abteilung Schutzhaftlager. An ihrer Spitze stand der „Schutzhaftlagerführer", der für den inneren Betrieb des Häftlingslagers verantwortlich zeichnete und damit nach dem Kommandanten die bestimmende Figur im Lager war. Dem Schutzhaftlagerführer unterstanden der Rapportführer, der für die Appelle und die täglichen Stärkemeldungen zuständig war und in dessen Büros unabhängig von der Politischen Abteilung weitere Häftlingslisten geführt wurden, sowie die zahlreichen Blockführer, die für jeweils einen Unterkunftsblock der Häftlinge zuständig waren. Zur Abteilung Schutzhaftlager gehörte ferner der im KZ Mittelbau besonders wichtige „Arbeitseinsatzführer", in dessen Dienststelle die Arbeitskommandos

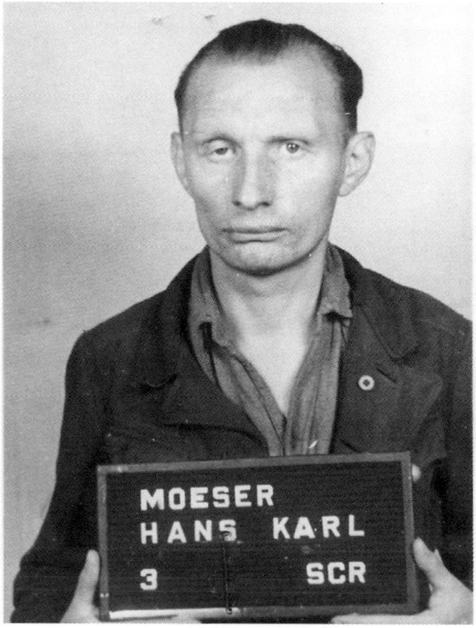

National Archives Washington

Hans Möser, um 1946. Möser war Schutzhaftlagerführer im Lager Dora. 1947 wurde er im Dachauer Dora-Prozess zum Tode verurteilt und 1948 hingerichtet.

der Häftlinge zusammengestellt und die Zwangsarbeit mit den Firmen abgerechnet wurde. Da der Arbeitseinsatzführer direkt dem SS-Wirtschafts-Verwaltungshauptamt unterstand, konnte er weitgehend autonom vom Schutzhaftlagerführer und vom Kommandanten agieren.

Die Abteilung IV (Verwaltung) war neben der allgemeinen Verwaltungsarbeit für die Versorgung sowohl der Häftlinge als auch der SS-Angehörigen zuständig, insbesondere für die Bekleidung, die Verpflegung und die Unterkünfte. Damit konnte sie wesentlichen Einfluss auf die Überlebenschancen der Häftlinge nehmen.

Dem Lagerarzt unterstanden das Krankenrevier im SS-Lager und der Häftlingskrankenbau. Er war somit KZ-Arzt und Truppenarzt zugleich. Neben mehreren SS-Ärzten arbeiteten in der Abteilung V auch sogenannte SS-Sanitätsdienstgrade – SS-Angehörige niederer Ränge, die häufig ohne jegliche medizinische Ausbildung als Hilfsärzte fungierten und den Funktionshäftlingen im Krankenbau Anweisungen erteilten. Zu den Funktionshäftlingen zählten nicht nur zahlreiche Häftlingspfleger, sondern auch Dutzende ausgebildete Mediziner, die als Häftlingsärzte eingesetzt wurden, allerdings aufgrund fehlender medizinischer Instrumente und Medikamente gegenüber dem Massensterben in den Häftlingsrevieren machtlos waren.

Die Angehörigen der Lager-SS hatten oftmals schon lange Dienstzeiten in verschiedenen Konzentrationslagern hinter sich, bevor sie nach Mittelbau-Dora versetzt wurden. Viele von ihnen waren entsprechend konditioniert und wurden wegen ihrer Brutalität von den Häftlingen gefürchtet. Da sie innerhalb des Häftlingslagers Dienst taten, war die Gefahr groß, von ihnen misshandelt oder getötet zu werden. Das trifft prinzipiell auch auf die Angehörigen der Wachmannschaften zu, die ihren Dienst jedoch außerhalb des eingezäunten Bereiches verrichteten. In sogenannten großen und kleinen Postenketten waren sie für die Bewachung der Lager und der Arbeitskommandos zuständig.

SS-Totenkopfsturmbann Mittelbau

Die Wachmannschaften des Lagers Dora waren zunächst Teil des SS-Wachsturmbannes Buchenwald. Einige Außenlager wurden nicht von der SS, sondern von Luftwaffensoldaten bewacht. Zunächst waren diese in einem eigenständigen Luftwaffen-Wachbataillon zusammengefasst, das für die SS-Baubrigaden III und IV sowie für die beiden Lager Harzungen und Ellrich-Juliushütte zuständig war. Am 1. September 1944 wurden die Soldaten jedoch formal in die Waffen-SS übernommen und wenig später dem SS-Wachkommando in Dora unterstellt. Aus diesem Wachkommando ging Ende Oktober mit der offiziellen Verselbstständigung des KZ Mittelbau der SS-Totenkopfsturmbann Mittelbau hervor, der sich aus mehreren Kompanien zusammensetzte, von denen die meisten jeweils einem Lager des Mittelbau-Komplexes zugeordnet waren.

Mit dem Ausbau des Lagerkomplexes Mittelbau-Dora wurden die Wachmannschaften personell ständig vergrößert. Ende Juni 1944 umfasste das Wachpersonal im Lager Dora bereits fast 1000 Mann, darunter 15 SS-Führer (Offiziere). Während die Stärke der Wachmannschaften im Hauptlager in den Folgemonaten relativ konstant blieb, da sich die Häftlingszahlen nur unwesentlich erhöhten, stieg sie in den Außenlagern stark an. Ende 1944 umfasste der SS-Totenkopfsturmbann Mittelbau rund 3300 Mann. Mit der „Evakuierung" der im Osten gelegenen Konzentrationslager kamen ab Ende Januar 1945 noch zahlreiche weitere SS-Angehörige in den Südharz. Viele von ihnen wurden vom SS-Totenkopfsturmbann Mittelbau übernommen. Zahlen liegen darüber allerdings nicht mehr vor; es kann aber bei vorsichtiger Schätzung angenommen werden, dass Ende März 1945 mindestens 3500 SS-Angehörige zu den Wachmannschaften des KZ Mittelbau gehörten – darunter etwa ein Dutzend SS-Aufseherinnen – und sich zusätzlich noch einige Hundert SS-Angehörige der SS-Baubrigaden (diese wurden im Januar 1945 formal dem KZ Sachsenhausen unterstellt) und aus dem KZ Auschwitz im Südharz aufhielten.

Wehrmachtsoldaten als KZ-Bewacher

Altgediente SS-Angehörige stellten in den Wachmannschaften des KZ Mittelbau nur eine Minderheit. Nach der Übernahme zahlreicher Wehrmachtangehöriger in den KZ-Wachdienst im Frühjahr 1944 wurden insbesondere die Außenlager fast ausschließlich von Wehrmachtsoldaten bewacht. Genaue Zahlen liegen nicht vor, es kann aber davon ausgegangen werden, dass bereits im Herbst 1944 weit mehr als die Hälfte des Wachpersonals des KZ Mittelbau von der Wehrmacht stammte, und zwar zum überwiegenden Teil von der Luftwaffe. Der Einsatz von Luftwaffeneinheiten zur KZ-Bewachung ging auf eine Vereinbarung zwischen der SS-Führung und der Luftwaffe zurück, wonach die SS für Rüstungsprojekte, die der Luftwaffe dienten, die angeforderten KZ-Zwangsarbeiter zur Verfügung stellte und die Luftwaffe im Gegenzug für deren Bewachung sorgte. Da es sich beim „Unternehmen Mittelbau" im Kern um ein Junkers-Projekt und damit um ein solches der Luftrüstung handelte, war im KZ Mittelbau der Anteil von Luftwaffensoldaten bei den Wachmannschaften besonders hoch.

Überwiegend taten die Luftwaffen-Angehörigen nur außerhalb der Lagerzäune Wachdienst, hatten aber auch dort oftmals direkten Kontakt zu Häftlingen – etwa bei der Bewachung von Außen-Arbeitskommandos. In Einzelfällen erhielten sie aber auch innerhalb der eigentlichen Lager-SS Posten, so zum Beispiel im Lager Harzungen, das seit dem Sommer 1944 von einem Hauptmann der Luftwaffe geleitet wurde. Auch die Posten des Schutzhaftlagerführers und der meisten Blockführer waren in Harzungen von Luftwaffensoldaten besetzt. Viele Häftlinge empfanden es als eine Erleichterung, nicht von altgedienten SS-Angehörigen, sondern von Wehrmachtsoldaten bewacht zu werden. Es gibt aber auch gegenteilige Beispiele. Für die katastrophalen Zustände im Häftlingsrevier des Lager Ellrich-Juliushütte etwa, in dem Tausende elendig zugrunde gingen, war ein Stabsarzt der Wehrmacht verantwortlich.

Üblicherweise wurden die meist aus vergleichsweise älteren Soldaten bestehenden Luftwaffeneinheiten zum KZ-Dienst abgeordnet. Die einzelnen Soldaten wurden nicht gefragt, sondern mit ihren Einheiten in Marsch gesetzt. Bei Offizieren und Unteroffizieren war es etwas anders: Sie wurden gezielt für den KZ-Dienst ausgewählt (nach welchen Kriterien lässt sich nicht mehr klären) und leisteten im KZ Buchenwald oder einem anderen Lager einen mehrwöchigen Kurzlehrgang ab, bevor sie nach Mittelbau-Dora versetzt wurden. Nach dem Krieg beharrten viele von ihnen darauf, den KZ-Dienst gegen ihren Willen verrichtet zu haben. Das mag sogar stimmen. Festzuhalten bleibt jedoch, dass es immer auch die Möglichkeit gab, den Wachdienst im KZ zu verweigern. Die Alternative wäre aber die Versetzung an die Front gewesen. Davor fürchteten sich die meisten.

Die Lager und ihr Umfeld

Mit der Gründung der KZ-Außenlager drang das KZ-System ab 1943 immer stärker in die deutsche Kriegsgesellschaft ein. Das betraf das gesamte Reichsgebiet. Im Südharz war das Lagernetz aber besonders dicht – mit etwa 20 Außenlagern allein auf dem Gebiet des heutigen Landkreises Nordhausen verwandelte sich die Region gegen Kriegsende in ein ausuferndes Konzentrationslager, das von Inseln zivilen Lebens durchsetzt war. Die Mittelbau-Lager und der Anblick von KZ-Häftlingen gehörten zum Alltag der Bevölkerung.

Berührungspunkte zwischen den Lagern und ihrem Umfeld ergaben sich durch die Beteiligung lokaler Behörden an der Verwaltung und Versorgung der Lager, durch den im Umfeld der Lager grassierenden Schwarzmarkt und ganz besonders durch die Zwangsarbeit der KZ-Insassen in den lokalen und verlagerten Betrieben, in denen die deutsche Stammbelegschaft Seite an Seite mit den Häftlingen arbeitete. Meist waren es deutsche Zivilarbeiter, die Häftlingskommandos bei der Arbeit befehlig-

KZ-Gedenkstätte Mittelbau-Dora

Blick vom Bahnhof Ellrich auf den Eingang des Lagers Ellrich-Juliushütte, nach 1945.

ten. Manche halfen „ihren" Häftlingen, andere standen der SS aber, was Brutalität betraf, kaum nach. Bezeichnend ist eine Direktionsanweisung der Mittelwerk GmbH vom Sommer 1944, in der es hieß: *„Seitens des Lagerarztes des Arbeitslagers Dora wurde wiederholt die Feststellung getroffen, daß Häftlinge, die in Büros oder im Betrieb des M[ittelW[erkes] eingesetzt sind, von Gefolgschaftsmitgliedern wegen irgendwelcher vergehen geschlagen oder sogar mit spitzen Instrumenten gestochen wurden […].“*[9]

Schließlich ergaben sich Berührungspunkte durch die Sichtbeziehungen: Die Lager befanden sich oftmals inmitten der Ortschaften. Wer etwa mit der Bahn in die Kleinstadt Ellrich reiste, sah von der Stadt als erstes das KZ-Außenlager Juliushütte: Das Lagertor lag gegenüber dem Bahnhof, von dessen Bahnsteig deutlich der rauchende Schornstein des nur

9 Mittelwerk GmbH, Sonderdirektionsanwesung vom 22.6.1944, DMD 50.2.3./27.

wenige Hundert Meter entfernten Krematoriums zu sehen war. Im nahen Niedersachswerfen konnte jeder die Leichenkarren sehen, die am Abend am Ende der Häftlingskolonnen mitgeführt wurden, die von ihren Bewachern von den Baustellen am Kohnstein zurück ins Lager Harzungen getrieben wurden. Zivilbeschäftigte in den Betrieben mussten geschlossen antreten, wenn Häftlinge an ihren Arbeitsplätzen unter dem Vorwurf der Sabotage öffentlich erhängt wurden; und immer wieder beteiligten sich Einheimische an der Hatz auf flüchtige KZ-Häftlinge.

Viele Einheimische beteiligten sich an den Verbrechen, indem sie bei den Lagerleitungen KZ-Insassen als Arbeitskräfte anforderten oder sie auf der Straße oder am Arbeitsplatz schikanierten und misshandelten. Die Mehrheit übte sich im Wegschauen. Es gab allerdings auch einige, die den KZ-Insassen zu helfen versuchten. Mancher Vorarbeiter setzte zusätzliche Verpflegung oder Arbeitspausen für die ihm unterstellten Häftlinge durch; es wird sogar von Fällen berichtet, in denen Einheimische flüchtige Häftlinge versteckt hielten. Häufig bedeutete es für Häftlinge aber auch schon eine in ihrer psychologischen Dimension nicht zu unterschätzende Hilfe, wenn deutsche Zivilarbeiter oder Einheimische trotz aller Verbote mit ihnen sprachen und ihnen damit zeigten, dass sie als Menschen wahrgenommen wurden. Letztlich belegen diese Beispiele aber nur, dass es durchaus Handlungsalternativen gab. Niemand wurde gezwungen, Häftlingen feindselig gegenüberzutreten, sie zu misshandeln oder gar zu töten. Dennoch zeigt sich beim Blick auf die Verhältnisse im Südharz, dass viele Einheimische mit der Behandlung der KZ-Häftlinge einverstanden waren.

Ihre Ursache hatte diese Zustimmung in der traditionellen Ablehnung alles Fremden und ideologischer Indoktrination durch die Nationalsozialisten. In der Präsentation der KZ-Insassen in Presse und Rundfunk wurde diese der Bevölkerung als vermeintlich gefährliche Schwerverbrecher vorgeführt. Viele Deutsche nahmen die Häftlinge deshalb als Bedrohung wahr, vor der sie sich schützen zu müssen glaubten.

Im „Südharzer Kurier“, der parteiamtlichen Lokalzeitung, wurde seit Anfang 1944 regelmäßig nach flüchtigen Häftlingen aus den Mittelbau-Lagern gefahndet. Dabei wurden für Hinweise zur Ergreifung der Flüchtigen Belohnungen von bis zu 5.000 RM ausgesetzt – nach heutigen Preisen etwa 25.000 Euro. Die Kriminalisierung der KZ-Insassen zeigte sich auch darin, dass mehrfach Häftlinge, denen vorgeworfen wurde, auf der Flucht aus dem KZ Morde an Einheimischen begangen zu haben, öffentlich erhängt wurden, so zum Beispiel im Herbst 1943 in Stolberg und dem kleinen Dorf Hermannsacker, wenige Kilometer von Nordhausen entfernt.

Motivationsstruktur der Mittäterschaft

Von den Morden irgendwo im diffusen „Osten“ nichts wissen zu wollen, war noch relativ einfach. Die Verbrechen im KZ Mittelbau geschahen jedoch in der Mitte Deutschlands, im wahrsten Sinne des Wortes häufig vor der eigenen Haustür. Jeder konnte sie sehen und viele beteiligten sich daran oder profitierten davon. Die Präsenz der Tat führte nicht zur Abkehr vom Regime, sondern eher zu einer komplizenhaften Zusammenarbeit mit den Tätern.

Eine wesentliche Ursache der Mitmachbereitschaft dürfte neben den genannten Gründen die von der NS-Propaganda bewusst geschürte Furcht vor der Rache bzw. Strafe der Sieger gewesen sein. Der Einzelne hatte das Gefühl, nach dem Tabubruch restlos an das System gebunden zu sein und wenn nötig mit ihm untergehen zu müssen. Ein deutscher Journalist nannte das 1943 „Kraft-durch-Furcht-Propaganda“. Mit der geschürten Angst vor der Strafe der Sieger und der Befreiten knüpfte die NS-Propaganda nahtlos an ihren „Ordnungs“-Begriff an, der seit den frühen 1930er-Jahren dazu gedient hatte, „Gemeinschaftsfremde“ zu isolieren und den „Volksgenossen“ das Gefühl materieller und emotionaler Sicherheit zu geben. Ein weiterer Grund für die verbreitete Anpassung und Passivität war die jahrelange Gewöhnung an die Unterdrückung und Ausgrenzung von „Gemeinschaftsfremden“, die den emotionalen Boden dafür bereitete, dass der Anblick der geschundenen KZ-Häftlinge nur von wenigen als Unrecht wahrgenommen wurde.

Nach dem Krieg

Das Verschwinden der Lager

Nach der Befreiung am 11. April 1945 begannen die amerikanischen Besatzungstruppen in Zusammenarbeit mit der UNRRA (United Nations Relief and Rehabilitation Administration), die Lager Dora und Harzungen als Unterkünfte für „Displaced Persons“ (DPs) einzurichten, um die Rückkehr der befreiten KZ-Häftlinge und ausländischen Zwangsarbeiter in ihre Herkunftsländer zu organisieren. Mitte Mai 1945 warteten allein im Lager Dora 14.000 DPs auf ihre Rückführung – die meisten von ihnen waren ehemalige zivile Zwangsarbeiter von den vielen Baustellen des „Unternehmens Mittelbau“.

National Archives Washington

Das Camp-Komitee in der Baracke des französischen UNRRA-Team-Direktors Maurey, 29. Juni 1945.

National Archives Washington

Bestattung auf dem Ehrenfriedhof in Nordhausen, 16. April 1945.

Die geschwächten KZ-Häftlinge, die von den Amerikanern aus dem Revier des Lagers Dora und aus der Boelcke-Kaserne befreit worden waren, wurden unter amerikanischer Aufsicht in Behelfskrankenhäusern in Ilfeld und im nahegelegenen Kurort Sülzhayn gepflegt. Fast die Hälfte der 500 befreiten Häftlinge war jedoch schon so geschwächt, dass sie die ersten Wochen nach der Befreiung nicht überlebten. Ihre Leichen wurden zusammen mit den über 1200 aus der Boelcke-Kaserne geborgenen Toten auf einem Ehrenfriedhof in Nordhausen bestattet. 55 Tote liegen auf dem Gemeindefriedhof von Sülzhayn.

Während die DPs im Lager Dora auf ihre Repatriierung warteten, stellten amerikanische und britische Raketenexperten die im Mittelwerk lagernden Konstruktionsunterlagen und Bauteile der A4-Rakete sicher. Die Spitze der deutschen Raketeningenieure um Wernher von Braun trat in amerikanische

Dienste über. Die Sowjets sicherten sich die zweite Garde, nachdem sie am 1. Juli 1945 die Amerikaner als Besatzungsmacht in Nordhausen abgelöst hatten.

Aus dem amerikanischen DP-Camp Dora wurde nach dem Besatzungswechsel ein sowjetisches Repatriierungslager. Im Herbst 1945 sollen die sowjetischen Besatzungsbehörden das Lager vorübergehend als Internierungslager für ehemalige NSDAP-Mitglieder genutzt haben, bevor es von Dezember 1945 bis Juli 1946 unter deutscher Verwaltung als Aufnahmelager für Vertriebene aus der Tschechoslowakei diente („Umsiedlerlager Dora“). Anschließend wurde das Lager mit Ausnahme des Krematoriums, des Arrestzellenbaus (der erst 1952 gegen den Widerstand ehemaliger Häftlinge abgetragen wurde) und der Feuerwache vollständig niedergerissen. Die abgebauten Holzbaracken wurden in Nordhausen und Umgebung wieder aufgestellt und dienten als Notunterkünfte oder Lagerräume. Das ehemalige Lager wurde währenddessen von der Natur zurückerobert.

Nachdem sie alle wertvollen Raketenteile entfernt und die Maschinen demontiert hatten, ließen die sowjetischen Besatzungstruppen 1947/48 die Stolleneingänge zum ehemaligen Mittelwerk und einzelne Bereiche innerhalb des Werkes sprengen. Sie folgten damit einem gemeinsamen Beschluss der Alliierten, wonach militärische Anlagen in Deutschland dauerhaft unbrauchbar gemacht werden sollten.

Ähnlich wie in Dora verlief die Geschichte an den anderen Lagerstandorten des KZ Mittelbau. Die Eingänge zu den meisten Stollenanlagen, die von Häftlingen ausgeschachtet worden waren, ließ die sowjetische Militäradministration sprengen. In den meisten Fällen wurden die Baracken wie im Lager Dora nach dem Krieg demontiert und als Bau- und Brennholz verwendet. Heute zeugen allenfalls noch die Betonfundamente von der Vergangenheit dieser Orte. Andere Lager dienten als Unterkünfte für deutsche Flüchtlinge und Vertriebene, so etwa in Stempeda und Blankenburg-Oesig. In Blankenburg werden die mehrfach umgebauten Baracken heute noch bewohnt.

Juristische Ahndung

Nach einer Reihe von Prozessen gegen SS-Personal aus anderen Lagern und zweijähriger Vorbereitung begann im Sommer 1947 im ehemaligen KZ Dachau der amerikanische Nordhausen-Dora-Prozess. Neben 14 SS-Angehörigen und vier Kapos musste sich vor dem amerikanischen Militärgericht auch der ehemalige Generaldirektor der Mittelwerk GmbH, Georg Rickhey, verantworten. Im Gegensatz zu den vorherigen Dachauer KZ-Prozessen fielen die Urteile recht milde aus. Mit dem ehemaligen Schutzhaftlagerführer Hans Möser wurde nur ein Angeklagter zum Tode verurteilt. Das Urteil wurde Ende 1948 vollstreckt. Georg Rickhey wurde wie drei andere Angeklagte mangels Beweisen freigesprochen. Alle anderen erhielten Freiheitsstrafen, von denen jedoch keiner seine Strafe vollständig absitzen musste. Als letzter wurde 1958 der ehemalige SS-Lagerführer aus Ellrich-Juliushütte, Otto Brinkmann, aus der Haft in Landsberg entlassen. Er war zu einer lebenslangen Haftstrafe verurteilt worden.

Bereits zwei Jahre vor dem Dachauer Dora-Prozess hatten im britischen Bergen-Belsen-Prozess in Lüneburg zwölf ehemalige SS-Angehörige und Kapos vor Gericht gestanden, die im Zuge der Räumung des KZ Mittelbau im April 1945 aus dem Südharz nach Bergen-Belsen gekommen waren. Drei SS-Angehörige wurden in dem Verfahren zum Tode verurteilt und hingerichtet, darunter der letzte Schutzhaftlagerführer des Lagers Dora, Franz Hößler, der kurz vor der Befreiung des KZ Bergen-Belsen noch zu dessen stellvertretenden Kommandanten ernannt worden war.

Vor deutschen Gerichten mussten sich seit den späten 40er-Jahren einige Dutzend Täter aus dem KZ Mittelbau-Dora in Einzelverfahren verantworten. Vielfach standen in den Verfahren jedoch Taten im Vordergrund, die die Angeklagten in anderen Konzentrationslagern begangen hatten. Nur in wenigen Fällen führten die Verfahren zu einer Verurteilung. Das einzige größere deutsche Verfahren, das sich ausschließlich

National Archives Washington

Die Richter im Dachauer Dora-Prozess, 13. November 1947.

picture alliance/AP Images Heinz Ducklau

Der frühere NS-Rüstungsminister Albert Speer auf der Zeugenbank im Essener Dora-Prozess, 30. Oktober 1968.

auf Verbrechen bezog, die im KZ Mittelbau-Dora begangen worden sind, wurde 1967 bis 1970 vor dem Landgericht Essen geführt. Angeklagt waren Helmut Bischoff (Abwehrbeauftragter des A4-Programms, 1908-1993), Ernst Sander (Leiter der Gestapo-Außendienststelle Niedersachswerfen, 1916-1990) und Erwin Busta (SS-Angehöriger im Lager Dora, 1905-1982). Das Verfahren gegen den Juristen Bischoff, der als Chef von SD und Gestapo im Bereich des KZ Mittelbau zu Recht als einer der Haupttäter bezeichnet werden kann, wurde wenige Tage vor Urteilsverkündung wegen angeblicher Verhandlungsunfähigkeit ausgesetzt und später ganz eingestellt. Busta und Sander wurden zwar zu relativ langen Freiheitsstrafen verurteilt, brauchten diese jedoch nie anzutreten.

Täterkarrieren

Die für den tausendfachen Tod in Mittelbau-Dora Hauptverantwortlichen mussten sich deshalb nie vor Gericht verantworten. SS-General Hans Kammler hat vermutlich bei Kriegsende in der Nähe von Prag Selbstmord begangen. Rüstungsminister Speer und Luftwaffen-Chef Göring standen zwar im Nürnberger Kriegsverbrecherprozess vor Gericht; ihre Verantwortung für die Verbrechen im KZ Mittelbau-Dora kam dabei aber nicht zur Sprache.

Wer nicht zu den Hauptexponenten des NS-Regimes oder zur SS zählte, hatte gute Chancen, nicht belangt oder nur milde bestraft zu werden. Karl-Otto Saur (1902-1966) etwa, der in Speers Auftrag den Jägerstab geleitet hatte und damit einen wesentlichen Teil der Verantwortung für die in Mittelbau-Dora begangenen Verbrechen trug, wurde nach dreijähriger Internierungshaft ein angesehener Münchner Verleger. Von den Bauingenieuren und Architekten, die für die SS-Baustäbe im Südharz gearbeitet hatten, wurde nicht einer juristisch belangt. Im Zuge des Wiederaufbaus konnten sie über mangelnde Aufträge nicht klagen. Gut erging es auch Karl-Maria

Hettlage (1902-1995), dem Finanzchef im Rüstungsministerium und Beiratsmitglied der Mittelwerk GmbH. Er wurde nach dem Krieg Professor für Öffentliches Recht in Mainz und war 1959 bis 1962 und erneut von 1967 bis 1969 Staatssekretär im Bundesfinanzministerium. In dieser Funktion war er u.a. für die Aushandlung von globalen Wiedergutmachungsabkommen mit anderen Ländern zuständig.

Am spektakulärsten waren sicherlich die Karrieren der Raketeningenieure. Die Spitzeningenieure um Wernher von Braun (1912-1977) und Arthur Rudolph (1906-1996) arbeiteten mit 100 weiteren Peenemünder Fachleuten seit dem Herbst 1945 für das amerikanische Raketenprogramm. Zunächst ging es auch hier um die Entwicklung von Waffen. In den 60er-Jahren leitete von Braun das amerikanische Mondflugprogramm und gelangte nach dem ersten bemannten Raumflug zum Mond zu Weltruhm. Ein Eingeständnis seiner Verantwortung für die mörderischen Zustände im Mittelwerk war von ihm nie zu hören. Arthur Rudolph entging einer später strafrechtlichen Verfolgung in den USA 1984 mit seiner Rückkehr nach Deutschland.

Auch das sowjetische Raketenprogramm profitierte vom Technologietransfer. Seit Sommer 1945 ließen sie mehrere Hundert deutsche Fachleute unter der Leitung von Werner Gröttrup (1916-1981), der in Peenemünde enger Mitarbeiter von Wernher von Braun gewesen war, die A4-Rakete nachbauen – zunächst noch im Südharz, seit dem Herbst 1946 in der Sowjetunion.

Folgen der KZ-Haft

Während die KZ-Überlebenden die Nachkriegskarriere Wernher von Brauns und anderer deutscher Spezialisten mit Bitterkeit verfolgten, war ihr Leiden mit der Befreiung nicht beendet. Den meisten fiel es schwer, sich im normalen Leben wieder zurechtzufinden. Viele hatten ihre gesamte Familie verloren und wussten nicht, wohin sie zurückkehren sollten. Alpträume, Angst und Schuldgefühle („Warum habe gerade ich überlebt?“) verfolgten sie oft bis in die Gegenwart. Viele litten unter schweren physischen und psychischen Erkrankungen.

Manchen half und hilft es, in Verfolgtenverbänden die Nähe anderer ehemaliger Häftlinge zu finden. Es zeigen sich hier aber große nationale Unterschiede. Insbesondere in Belgien und Frankreich hatten die Verbände ehemaliger Dora-Häftlinge lange eine wichtige politische und gesellschaftliche Funktion. Ihre Mitglieder gehörten in diesen Ländern zu den Führungsschichten, besonders in der Politik. Als Angehörige des Widerstandes gegen die deutsche Besatzung rückten viele überlebende Dora-Häftlinge nach dem Krieg in Belgien und Frankreich in hohe politische Ämter auf. Die Stimmen der Überlebenden hatten deshalb in den beiden Ländern großes Gewicht.

Völlig anders sah es in Osteuropa aus. Insbesondere in der Sowjetunion standen die aus den Konzentrationslagern Befreiten trotz aller öffentlichen Ehrungen unter dem Generalverdacht, mit ihren Peinigern kollaboriert zu haben – es schien verdächtig, dass sie überlebt hatten. Viele gerieten deshalb sogar erneut in Haft. Manche, die die NS-Konzentrationslager überlebt hatten, starben im sowjetischen GULAG.

In Deutschland blieben viele KZ-Überlebende gesellschaftlich ausgegrenzt, vor allem, wenn sie als „Asoziale“, „Kriminelle“ oder wegen ihrer Homosexualität in die Konzentrationslager eingewiesen oder wie die Sinti und Roma aus rassistischen Gründen verfolgt worden waren. Ihre KZ-Haft galt als Makel. Oftmals hatte das auch materielle Folgen. Weil sie nicht als Verfolgte des Nationalsozialismus anerkannt wurden, blieben ganze Gruppen von Häftlingen jahrzehntelang von jeglicher Entschädigungszahlung ausgeschlossen. Erst nach massivem öffentlichem Druck wurde in den 1990er-Jahren für Sinti und Roma sowie verfolgte Homosexuelle eine geringe Entschädigung für die Zeit der KZ-Haft möglich. Die 2001 begonnene Auszahlung von Hilfszahlungen für ehemalige Zwangsarbeiter, die auch für KZ-Häftlinge vorgesehen war, kam für die meisten zu spät – sie waren mittlerweile verstorben. Andere blieben ohne Entschädigung, weil sie nicht über schriftliche Nachweise ihrer KZ-Haft verfügten.

„Mahn- und Gedenkstätte Mittelbau-Dora“

Die Lagerstandorte des KZ Mittelbau blieben nach dem Abriss ihrer baulichen Relikte lange verwaist und sind es zum Teil bis heute noch. Bis auf die ehemaligen Häftlinge interessierte sich kaum jemand für die Orte. 1951 besuchten erstmals französische Überlebende die Überreste des Lagers Dora und forderten die Errichtung eines Mahnmals. Zwar wurde bald darauf mit der Aufstellung eines Gedenksteines vor dem ehemaligen Krematorium (Text: „Hier litten und starben Widerstandskämpfer aller Nationen. Ihnen Ruhm und Ehre“) eine „Ehrenstätte Dora“ eingerichtet, die „Mahn- und Gedenkstätte Mittelbau-Dora“ nahm aber erst 1964 auf Initiative der SED-Kreisleitung Nord-

KZ-Gedenkstätte Mittelbau-Dora

Gedenkstein vor dem ehemaligen Krematorium, um 1954.

hausen mit der Ausstellung einer Plastik des Bildhauers Jürgen von Woyski ihren Betrieb auf. Zwei Jahre später konnte die erste Dauerausstellung im umgestalteten ehemaligen Krematorium eröffnet werden. Wie sehr diese Ausstellung für aktuelle politische Zwecke der SED genutzt wurde, macht jedoch schon ihr Titel deutlich: „Die Blutspur führt nach Bonn".

Das eigentliche Lagergelände wurde lediglich symbolisch erschlossen, zunächst durch ein aus Birkenholz gezimmertes Tor am Aufgang zum Krematorium, das mit der Inschrift „Lager Dora" versehen war und das Gelände des ehemaligen Konzentrationslagers symbolisch auf das Krematorium beschränkte. Im Laufe der 1970er-Jahre erweiterte die Gedenkstättenleitung das Gelände zwar um den ehemaligen Appellplatz, der mit „Steinen der Nationen" umrandet wurde und als Aufmarschplatz für die NVA und Parteiveranstaltungen diente. Ein von den DDR-Grenztruppen errichteter Zaun trennte jedoch samt vermeintlich rekonstruiertem Wachturm inmitten des ehemaligen Lagergeländes den Großteil des ehemaligen Häftlingslagers

KZ-Gedenkstätte Mittelbau-Dora

Aufmarsch der NVA auf dem ehemaligen Appellplatz des Lagers Dora, um 1979.

als unzugängliches Niemandsland vom Gedenkstättenareal ab.

Auch das Industriegelände vor den Stolleneingängen im Kohnstein, das gewissermaßen das Scharnier zwischen der unterirdischen V-Waffen-Fabrik und dem Häftlingslager Dora bildete, wurde dem Gedenkstättenbesucher lange nicht als Teil des ehemaligen Konzentrationslagers präsentiert.

Bereits in den 1970er-Jahren plante die Gedenkstättenleitung, einen Teil der durch die sowjetischen Sprengungen verschlossenen Stollenanlage für Besucher wieder zugänglich zu machen. Sie scheiterte zunächst jedoch am Einspruch der Leunawerke in Merseburg, die am Kohnstein einen Tagebau betrieben und fürchteten, eine Erweiterung der Gedenkstätte in die Stollenanlage könne den Anhydritabbau am Kohnstein gefährden. Erst 1988 konnte damit begonnen werden, einen neuen Zugangsstollen zum ehemaligen Mittelwerk zu graben. Aus Geldmangel wurden die Arbeiten jedoch bald schon wieder eingestellt.

Das ehemalige Lager Ellrich-Juliushütte zwischen Ost und West

Eine besondere und für die jüngere deutsche Geschichte geradezu symbolische Entwicklung nahm das Gelände des ehemaligen Lagers Ellrich-Juliushütte, durch das die Demarkationslinie und spätere deutsch-deutsche Grenze verlief. Auf DDR-Seite wurden die baulichen Überreste des Lagers seit 1952 im Zuge der Grenzsicherung planiert und zum sogenannten Todesstreifen umgestaltet. Auf westlicher Seite wurde der zum ehemaligen Lager gehörende Ortsteil Juliushütte der niedersächsischen Gemeinde Walkenried zunächst mit Beschäftigten eines angrenzenden Sägewerkes wiederbesiedelt. Durch Abwanderung und einen Brand im Sägewerk verödete der Ort aber zusehends. Offenbar betrachtete man den unmittelbar vor dem Grenzzaun gelegenen, verwahrlosenden Ortsteil

Manfred Bornemann

Das ehemalige Krematorium in Ellrich-Juliushütte kurz vor der Sprengung, Juni 1963.

auch überregional als Ärgernis. Im Frühjahr 1963 besichtigte eine Delegation aus Bonn unter Leitung des Ministers für Gesamtdeutsche Fragen, Rainer Barzel, das Gelände. Dabei fiel aller Wahrscheinlichkeit nach der Entschluss zum Abriss des „Schandflecks", wie eine Lokalzeitung den Ort bezeichnete, der *„den Betrachtern von jenseits der Zonengrenze nicht gerade eine Visitenkarte"* biete.[10] Im Jahr darauf rückten Pioniereinheiten des Bundesgrenzschutzes an und sprengten die erhalten gebliebenen Gebäude, um *„nunmehr hier eine parkähnliche Landschaft zu schaffen"*, wie die Lokalpresse berichtete.[11] Dem Abriss fielen unter anderem mehrere ehemalige Häftlingsunterkünfte und das 1963 noch weitgehend erhaltene Lagerkrematorium zum Opfer, dessen Überreste nach der Sprengung mit Planierraupen in einen Erdfall geschoben wurden (wo sie heute noch liegen).

10 Herzberger Zeitung, 27.5.1964 und 16.5.1964.

11 Ebenda.

Deutlicher als durch die Sprengung des Krematoriums in Juliushütte konnte sich kaum zeigen, wie stark in der Bundesrepublik der Verweis auf die deutsche Teilung und das in der SBZ/DDR begangene Unrecht als Projektionsfläche diente, der Auseinandersetzung mit den vor Ort begangenen NS-Verbrechen auszuweichen. Später erklärte die Bezirksregierung Braunschweig das Gelände zum Naturschutzgebiet und erschwerte damit den Zugang zu den wenigen Relikten des Lagers. Erst nach dem Zusammenbruch der DDR und der Entfernung der Grenzanlagen wurde das Gelände wieder vollständig zugänglich. Provisorische, vom Verein „Jugend für Dora“ installierte Infotafeln wurden 2010 durch neue, umfangreichere Tafeln ersetzt, die vom französischen Überlebendenverband „Dora, Ellrich et Kommandos“ finanziert wurden. Doch gegenüber anderen ehemaligen Lagern führte der Gedenkort weiterhin ein Schattendasein. Erst 2019 rückte Ellrich-Juliushütte stärker in das öffentliche Interesse, als Archäologen in der Nähe des ehemaligen Krematoriums zwei Aschegräber mit den Überresten von rund 1000 Toten lokalisieren konnten. Es bleibt abzuwarten, ob er nun seiner historischen Bedeutung entsprechend gestaltet wird.

Die KZ-Gedenkstätte Mittelbau-Dora nach der „Wende“ von 1989

Mit der deutsch-deutschen Vereinigung nahm das Interesse an der Geschichte Mittelbau-Doras auch in Westdeutschland sprunghaft zu. 1991 begann die Neukonzeption der Gedenkstätte. Bislang unzugängliche Bereiche des Lagergeländes wurden zugänglich gemacht; internationale Workcamps legten Fundamentreste und andere bauliche Relikte frei.

Aufgrund der Empfehlung einer Historikerkommission, die 1991 die Arbeit der Gedenkstätten Buchenwald und Mittelbau-Dora begutachtete, wurden Ende 1991 die Arbeiten zur Auffahrung eines neuen Zugangsstollens wieder aufgenommen und 1994 abgeschlossen. Seit 1995 ist ein Teil der Stollenanlage für den allgemeinen Besucherverkehr im Rahmen von Führungen durch Gedenkstättenmitarbeiter/innen zugänglich. Im gleichen Jahr wurde in einer rekonstruierten Unterkunftsbaracke im Lagergelände eine provisorische neue historische Ausstellung eröffnet, nachdem die alte DDR-Ausstellung im Krematorium 1992 entfernt worden war.

Im Jahr 2000 nahm die Bundesregierung im Rahmen ihrer Gedenkstättenkonzeption Mittelbau-Dora in die Bundesförderung auf. Damit wurde die Grundlage für die Errichtung eines neuen Museums mit einer neuen Dauerausstellung geschaffen, in der die Bedeutung Mittelbau-Doras als Modellfall der KZ-Zwangsarbeit im Mittelpunkt steht und die 2006 eröffnet wurde. Zudem ließ die Gedenkstättenleitung das ehemalige Lagergelände erschließen: Die Lage der ehemaligen Unterkunftsbaracken wurde gekennzeichnet, im Industriegelände und am Bahnhof wurden Gleisanlagen freigelegt und am ehemaligen Arrestzellenbau zeichnen neue Stampfbetonwände seit 2013 die nicht mehr vorhandene Gefängnismauer nach. Zudem wurden für die Bildungsarbeit neue Fachkräfte eingestellt und zusätzliche Seminarräume geschaffen. Ziel ist es, durch die Auseinandersetzung mit den vor Ort begangenen

KZ-Gedenkstätte Mittelbau-Dora, Claus Bach

Das neue Museumsgebäude, 2007.

NS-Verbrechen bei den Besucherinnen und Besuchern der Gedenkstätte historisches Urteilsvermögen zu stärken und sie zu unterstützen, ein kritisches Geschichtsbewusstsein zu entwickeln – gerade auch angesichts des Erstarkens nationalistischer und rassistischer Einstellungen in der Bevölkerung und geschichtsrevisionistischer Forderungen wie der des Thüringer AfD-Vorsitzenden Björn Höcke nach einer „erinnerungspolitischen Wende um 180 Grad".

KZ-Gedenkstätte Mittelbau-Dora, Claus Bach

Führung in der Stollenanlage des ehemaligen Mittelwerkes, 2008.

Weiterführende Literatur (Auswahl)

1. Erinnerungsberichte ehemaliger Häftlinge

Béon, Yves: Planet Dora. Als Gefangener im Schatten der V2-Rakete, Gerlingen 1999.

Van de Casteele, Edgar: Ellrich. Leben und Tod in einem Konzentrationslager, Bad Münstereifel 1997.

Fliexc, Michel: Vom Vergehen der Hoffnung. Zwei Jahre in Buchenwald, Peenemünde, Dora und Belsen, Göttingen 2013.

Frankenthal, Hans: Verweigerte Rückkehr. Erfahrungen nach dem Judenmord, Frankfurt/Main 1999.

Hessel, Stéphane: Tanz mit dem Jahrhundert, Hamburg/Zürich 1998.

Hanstein, Ewald: Meine hundert Leben. Erinnerungen eines deutschen Sinto, Bremen 2004.

Kochheim, Friedrich: Bilanz. Ergebnisse und Gedanken, Bad Münstereifel 2003.

Kohlhagen, Eric E.: Zwischen Bock und Pfahl. 77 Monate in den deutschen Konzentrationslagern, Berlin 2010 (Überlebenszeugnisse; 4).

Mialet, Jean: Haß und Vergebung. Bericht eines Deportierten, Berlin/Bonn 2006.

Mouton, André: Unverhoffte Wiederkehr aus dem Harz, Goslar 1999.

Pahor, Boris: Nekropolis, Berlin 2001.

Rosenbach, Franz/Aas, Norbert: Der Tod war mein ständiger Begleiter. Das Leben, das Überleben und das Weiterleben des Sinto Franz Rosenbach, München 2005.

Rosenberg, Otto: Das Brennglas, Frankfurt/Main 1998.

2. Sekundärliteratur

Baranowski, Frank: Rüstungsproduktion in der Mitte Deutschlands 1929-1945. Südniedersachsen mit Braunschweiger Land sowie Nordthüringen einschließlich des Südharzes – vergleichende Betrachtung des zeitlich versetzten Aufbaus zweier Rüstungszentren, Bad Langensalza 2013.

Benz, Wolfgang/Distel, Barbara (Hg.), Der Ort des Terrors. Geschichte der nationalsozialistischen Konzentrationslager, 9 Bände, Müchen 2008-2010.

Bornemann, Manfred: Geheimprojekt Mittelbau. Vom zentralen Öllager des Deutschen Reiches zur größten Raketenfabrik im Zweiten Weltkrieg, Bonn 1994.

Eisfeld, Rainer: Mondsüchtig. Wernher von Braun und die Geburt der Raumfahrt aus dem Geist der Barbarei, Reinbek bei Hamburg 1996.

Erichsen, Johannes/Hoppe, Bernhard M. (Hg.): Peenemünde. Mythos und Geschichte der Rakete 1923-1989. Katalog des Museums Peenemünde, Berlin 2004.

Heubaum, Regine/Wagner, Jens-Christian (Hg.): Zwischen Harz und Heide. Todesmärsche und Räumungstransporte im April 1945. Begleitband zur Ausstellung, Göttingen 2015.

Knigge, Volkhard u.a. (Hg.): Buchenwald. Ausgrenzung und Gewalt, 1937 bis 1945. Begleitband zur Dauerausstellung in der Gedenkstätte Buchenwald, Göttingen 2016.

Neander, Joachim: Das Konzentrationslager „Mittelbau" in der Endphase der nationalsozialistischen Diktatur. Zur Geschichte des letzten im „Dritten Reich" gegründeten selbständigen Konzentrationslagers unter besonderer Berücksichtigung seiner Auflösungsphase, Clausthal-Zellerfeld 1997 (= Diss, Univ. Bremen 1997).

Ders.: „Hat in Europa kein annäherndes Beispiel". Mittelbau-Dora – ein KZ für Hitlers Krieg, Berlin 2000.

Neufeld, Michael J.: Die Rakete und das Reich. Wernher von

Braun, Peenemünde und der Beginn des Raketenzeitalters, Berlin 1997.

Sellier, André: Zwangsarbeit im Raketentunnel. Geschichte des Lagers Dora, Lüneburg 2000.

Vladi, Firouz: Der Bau der Helmetalbahn. Ein Bericht von der Eisenbahngeschichte, den KZ-Häftlingslagern und der Zwangsarbeit im Südharz in den Jahren 1944-45 sowie den Evakuierungsmärschen im April 1945, hrsg. von der Arbeitsgemeinschaft Spurensuche in der Südharzregion, Duderstadt 2000.

Winter, Martin Clemens: Gewalt und Erinnerung im ländlichen Raum. Die deutsche Bevölkerung und die Todesmärsche, Berlin 2018.

Wagner, Jens-Christian: Produktion des Todes. Das KZ Mittelbau-Dora, hrsg. von der Stiftung Gedenkstätten Buchenwald und Mittelbau-Dora, aktualisierte Neuauflage, Göttingen 2015.

Ders. (Hg.): Konzentrationslager Mittelbau-Dora 1943-1945. Begleitband zur ständigen Ausstellung in der KZ-Gedenkstätte Mittelbau-Dora, Göttingen 2007.

Ders: Ellrich 1944/45. Konzentrationslager und Zwangsarbeit in einer deutschen Kleinstadt, Göttingen 2009.

Ders.: Museum der KZ-Gedenkstätte Mittelbau-Dora, hrsg. von der Sparkassen-Kulturstiftung Hessen-Thüringen, Frankfurt/Main 2008 (Reihe ausgezeichnet! Museumspreis der Sparkassen-Kulturstiftung Hessen-Thüringen) (2., aktualisierte Auflage 2011).

Ders. (Hg.), Vernichtung und Arbeit. Jüdische Häftlinge im KZ Mittelbau-Dora, Weimar/Nordhausen 2014.